SOUVENIRS

SUR

GASPARD MONGE.

SOUVENIRS

SUR

GASPARD MONGE

ET SES RAPPORTS

AVEC NAPOLÉON,

SUIVIS D'UN APPENDICE

RELATIF AU MONUMENT QUI LUI A ÉTÉ ÉLEVÉ PAR SA VILLE
NATALE, AINSI QU'A L'EXPÉDITION D'ÉGYPTE
ET A L'ÉCOLE POLYTECHNIQUE.

PARIS

IMPRIMÉ PAR E. THUNOT ET CIE,

RUE RACINE, 26, PRÈS DE L'ODÉON.

—

1853

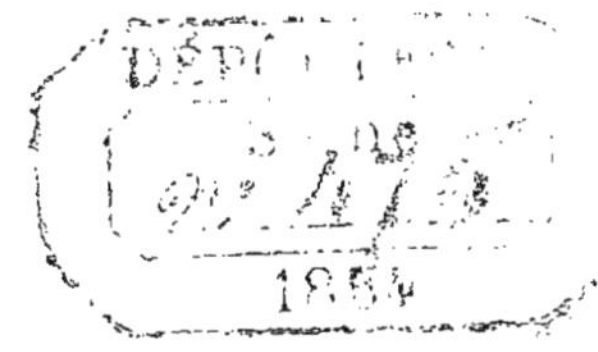

A

MADAME MONGE

COMTESSE DE PELUSE.

Madame,

Vous avez bien voulu interroger mes souvenirs de vingt-cinq ans sur le maître célèbre qui guida mes premiers pas dans la carrière des sciences, et dont, plus tard, j'eus l'honneur de devenir le collègue. Daignez, Madame, agréer ces notes, faible hommage du plus reconnaissant de ses élèves, et principalement destinées à des amis, à des condisciples, à la famille de Monge, à vous surtout, Madame, dont la bienveillance n'a pas peu contribué à m'attirer l'estime et l'affection de votre illustre époux. Veuillez, Madame, en accueillant ces simples souvenirs, agréer en même temps l'hommage de mon profond respect.

Décembre 1844.

L'AUTEUR.

a

NOTE PRÉLIMINAIRE.

Si je ne me suis pas pressé pour faire imprimer ces *Souvenirs* sur Monge, écrits depuis l'année 1844, c'est que le public attendait une biographie sortie de la plume éloquente du secrétaire perpétuel de l'Académie des sciences (pour les sciences mathématiques) ; toutefois, je n'aurais pas obéi complétement à l'honorable invitation de madame Monge, si j'avais tardé plus longtemps à soumettre ces notes à ceux des amis et des élèves du grand géomètre qui vivent encore. Après douze lustres écoulés depuis le jour où l'auteur a connu Monge, après dix ans écoulés depuis la rédaction de cet écrit, on ne l'accusera pas de trop de précipitation ; il réclame aujourd'hui, de la part de ses condisciples et des autres lecteurs, un peu d'indulgence, et pour ce retard, et pour les détails familiers et personnels dans lesquels, plusieurs fois, son sujet l'a forcé d'entrer.

J -D.

SOUVENIRS

SUR

GASPARD MONGE

ET SES RAPPORTS

AVEC NAPOLÉON.

Il y a eu entre ces deux hommes, Monge et Napoléon, plus de rapports qu'on ne penserait avoir pu en exister entre un savant et un conquérant, entre un géomètre et un personnage politique; entre le créateur de la géométrie descriptive et celui qui affecta, pour ainsi dire, en Europe, la monarchie universelle. Peu de personnes ont connu, j'entends ont apprécié Monge complétement, hors du cercle de ses premiers disciples et de ceux qui leur ont succédé, et qui ont étudié sa géométrie; et même ces derniers ne connaissent guère de lui que ses méthodes et ses ouvrages. Le reste est peu connu. Deux hommes

1

se sont rencontrés un jour : de cette rencontre est sorti un vif sentiment d'estime et d'affection réciproques, et de là des rapports qui ont influé à leur tour sur les affaires publiques, sur des événements importants ; c'est ce que je veux montrer, sans songer le moins du monde à répéter ce que tout le monde sait du grand capitaine.

Ce n'est pas une biographie que j'écris ; je ne parlerai que de cette partie de la vie de Gaspard Monge qui m'a été personnellement connue, entre les années 1792 et 1816, et particulièrement de ce qui se rapporte à l'expédition d'Égypte.

Je laisse aux futurs biographes à expliquer comment, d'une condition assez vulgaire, il s'est élevé, par le travail et le génie, aux plus hautes dignités scientifiques (1) ; comment, de professeur de physique à Lyon, de professeur de physique et de mathématiques à l'école du génie de Mézières et de professeur d'hydrographie au Louvre ; comment, dis-je, il devint, dès 1780, membre éminent de l'Académie des sciences (2) ; puis, trois années après, examinateur de la marine, et plus tard ministre de la marine et des colonies. Je prends Monge en 1792 seulement; il avait alors quarante-six ans; l'Europe était coalisée contre nous; le gouvernement d'alors comprit que la lutte serait inégale s'il n'appelait pas la science à son secours; avec la science il pouvait rétablir l'équilibre; c'est ce qui est arrivé.

Six savants du premier ordre : physiciens, chimistes et mécaniciens, furent appelés au comité de salut public pour y travailler en permanence et présider à la fabrication révolutionnaire, c'est-à-dire rapide, de tout ce qui manquait à nos défenseurs et d'abord des armes de toute espèce. Le lot qui échut à Monge était la fonte des canons avec le forage et les autres opérations accessoires, enfin les travaux pour la fabrication en grand de l'acier, encore inconnue en France. Chacun des savants avait un adjoint qu'il s'était attaché. Celui qu'accepta Monge fut un jeune architecte-ingénieur, attaché à l'armée du Nord, qu'il avait fait mettre en réquisition et qu'il chargea d'inspecter, chaque jour, les six fonderies et ateliers distribués aux ex-

trémités de la capitale. Il sortait quotidien-
nement plusieurs bouches à feu de chacun de
ces ateliers. Ce travail m'a été parfaitement
connu parce que l'architecte-ingénieur en question était J.-N. Jomard, mon frère; chaque
soir je le voyais préparant, au retour de sa
tournée, le rapport qu'il devait soumettre la
nuit au comité. Il est difficile, et de se faire, et
de donner une idée de l'activité prodigieuse qui
régnait alors dans les opérations qui intéres-
saient le salut public; il en est de même du
patriotique dévouement, du noble désintéres-
sement qui animaient les esprits. Monge do-
minait, entraînait tous ses collègues par son
exemple, par l'ascendant de son enthousiasme et la vivacité de son caractère. Il
n'avait de repos ni jour ni nuit; ce qu'il a fait
alors pour procurer du salpêtre, des armes à
feu, des armes blanches, des pièces d'artillerie
de campagne et de siége afin d'armer nos
places fortes et nos vaisseaux, des mortiers,
des obus, des boulets de tout calibre; ce
qu'il a fait, dis-je, aidé de ses collaborateurs,
dépasse tout ce que pourrait se figurer l'i-
magination, aujourd'hui, dans ces temps de

calme et de paix profonde (3). Ces travaux, cette activité infatigable déterminèrent peut-être le gouvernement d'alors, concentré dans la convention nationale, à porter Monge au ministère de la marine; il ne resta que huit mois à ce poste (4), l'administration convenait peu à un homme de cette trempe. Combiner des idées nouvelles, découvrir quelqu'une des lois de la nature physique et les soumettre au calcul, ou bien saisir la démonstration d'une théorie fondée sur l'expérience et la généraliser, tout cela se concilie avec la vivacité d'esprit, ou l'imagination puissante d'un inventeur; mais la conduite des affaires ne marche pas si vite; des entraves continuelles en retardent la marche, les difficultés de personnes s'ajoutent à celles des choses; les rouages de la machine administrative sont si nombreux, si compliqués, qu'un homme comme Monge ne pouvait s'y plaire; aussi a-t-on vu le même fait se reproduire dix ans plus tard avec un autre géomètre (5).

Je passe sur la coopération de Monge à l'établissement de la grande *École normale*, quelque part qu'il ait prise à cette importante institution, qui comptait quinze cents élèves tirés de toute la France, où professaient les premiers savants de l'Europe (6), et qui, jointe aux Écoles centrales, devait remplacer l'ancien système de l'instruction publique avec plus d'unité. Il y exposa la science nouvelle qu'il avait créée à l'École de Mézières, la *géométrie descriptive*. Celle-ci devait reparaître bientôt sur un autre théâtre, l'École centrale des travaux publics.

Si le gouvernement de l'époque sentit la nécessité de pourvoir aux lacunes que laissaient, dans les armes savantes, la révolution, l'émigration, les pertes de la guerre; si Prieur, de la Côte-d'Or, et d'autres membres du comité de salut public cherchèrent a repeupler la France d'ingénieurs, on ne peut douter un instant que les moyens et la pensée créatrice sortirent de la tête des savants dont j'ai parlé, de ces hommes qui étaient l'âme et le bras du terrible comité, mais seulement pour les travaux de chimie, de physique et de mécanique nécessaires à la défense du territoire. Et parmi ces hommes éminents, qui eut plus d'influence que Monge, ou plutôt qui eut l'initiative de la création, si ce n'est Monge, qui, lui, avait enseigné dans les écoles savantes depuis vingt ans, lui qui connaissait à fond les écoles du génie et de l'artillerie, et qui en savait le fort et le faible? Quant à l'idée de centraliser l'instruction pour tous les travaux publics, de soumettre tous les apprentis ingénieurs, civils, marins ou militaires à des épreuves et à des leçons communes, de donner à toutes ces carrières le même point de départ, la géométrie descriptive et les arts graphiques, enfin d'établir par là entre tous une sorte de confraternité au lieu de la rivalité qui divisait de temps immémorial l'état-major, les ponts et chaussées, la construction navale, le génie, l'artillerie ; à qui cette idée heureuse et féconde est-elle due? personne ne peut le dire, ou l'affirmer avec certitude : elle a pu venir à la fois à la pensée de Monge, de Carnot, de Fourcroy, de Berthollet ; mais il est impossible qu'elle ait échappé à Monge ; il avait vu de trop près l'esprit de réserve mystérieuse et de mesquine rivalité qui régnait à Mézières ; il en avait trop souffert pour son compte.

Ce que j'ai su dans le temps par moi-
même, c'est que Monge, dès le principe,
forma, dans une maison du quai Voltaire, un
noyau d'école pris parmi les élèves ingénieurs
de l'École des ponts et chaussées, et qu'il
y amena plusieurs des auxiliaires dont j'ai
parlé; c'était comme une succursale et une
continuation de ses travaux au comité, mais
appliquée à une affaire toute spéciale (7). Au
quai Voltaire, Monge initiait une vingtaine
de jeunes gens d'élite à la géométrie descriptive et à son analyse : ce fut là le premier
berceau de l'École centrale; plus tard le noyau
d'instruction fut transporté à l'hôtel Pommeuse (on disait alors la *maison Pommeuse*,
le mot *hôtel* n'étant plus de saison); cette
maison est celle qui est encore près du palais
Bourbon, derrière la fontaine. Des professeurs
spéciaux enseignaient les futurs chefs de brigade de l'École centrale, de huit heures du
matin à neuf heures du soir, sur la physique, la géométrie descriptive et la chimie.
Pendant qu'une cinquantaine d'élèves s'in-
struisaient là au dessin et à la théorie de la
géométrie descriptive, on prenait toutes les

dispositions pour ouvrir l'École centrale des travaux publics, au palais Bourbon : Monge se partageait entre ces deux devoirs. Prieur, de la Côte-d'Or (il faut lui rendre cette justice) prenait toutes sortes de soins pour l'organisation matérielle et la disposition des lieux ; pendant ce temps, on procédait, à Paris et dans toute la France, aux examens pour l'admission de quatre cents sujets. L'École des ponts et chaussées en fournissait une soixantaine qui étaient soumis à un examen nouveau, malgré l'examen déjà subi par eux pour entrer à cette école, un an, plus ou moins, auparavant (8). L'ingénieur en chef, directeur de la même École des ponts et chaussées, Lamblardie, était choisi pour diriger la nouvelle École des travaux publics, création à laquelle il avait aussi songé de son côté. Monge assistait souvent aux examens d'admission ; il se multipliait pour être partout à la fois, aux travaux préparatoires de l'École avec Lamblardie, au comité de salut public, à la maison Pommeuse ; pressant d'un côté, enseignant de l'autre, et appliquant son esprit inventif à créer des ressources inattendues. Il était bien secondé, il est vrai, soit par ses collègues au comité, soit par Fourcroy, Carnot et Prieur, puis par Lamblardie, Carny et les autres commissaires, chargés de procurer les collections nécessaires à l'enseignement. Le plus grand nombre des élèves étant étrangers à la ville de Paris, on ne voulut pas qu'ils restassent livrés à eux-mêmes, sans appui ou sans surveillance, et l'on eut l'heureuse idée de charger des pères de famille, dans chaque section de la capitale, d'en prendre chacun plusieurs en pension. Les élèves parisiens les nommaient plaisamment les pères sensibles. A l'arrêté d'organisation pris par le comité de la convention, le 6 frimaire an III (26 novembre 1794), étaient joints des développements scientifiques ; on s'accorde à les regarder comme l'ouvrage de Monge ; la généralité des principes, la hauteur des vues, les détails qui abondent sur la géométrie descriptive et sur toutes ses branches, enfin sur l'application de l'analyse à la géométrie des trois dimensions, font reconnaître aisément la source d'où est émané cet écrit lumineux. C'est là qu'on voit exposé un principe fécond pour l'enseignement, la succession constante des exercices pratiques aux études théoriques, complément réciproque les uns des autres. Le travail graphique, en effet, repose de la contention d'esprit qui résulte de la méditation. L'application du principe était ici généralisée, et le travail de la main ne se bornait pas au dessin géométrique : on devait, pour la chimie et la physique, répéter les expériences dans les laboratoires.

Vingt-quatre jours, seulement, après l'arrêté d'organisation commencent les premiers cours de l'École centrale ; les vingt-cinq chefs de brigade, sortis de l'École Pommeuse, étaient choisis sur cinquante, et par eux-mêmes ; les cours qui s'ouvraient n'étaient pas encore les cours définitifs, ce n'étaient que des leçons préparatoires ou préliminaires, qui furent appelées alors le *cours révolutionnaire*, parce qu'il devait, en trois mois seulement, faire passer devant les élèves la matière complète de l'enseignement ; le but était de les répartir et de les classer tous entre les trois années de l'école. Ces cours ont encore eu un autre résultat : c'est d'amener des progrès notables dans l'instruction, progrès qui ont été constatés (9).

C'est ici que va paraître le talent naturel de Monge dans tout son éclat. Le théâtre était nouveau pour lui, comme pour tous les autres professeurs (10) ; il leur fallait saisir et fixer l'attention de tous ces jeunes gens d'inégale force ; il s'agissait de leur révéler les faits de la physique générale et ceux de la chimie pneumatique, science alors nouvelle, de les initier aux mathématiques spéciales et appliquées pour les conduire aux mathématiques transcendantes, de leur enseigner une géométrie toute neuve, la géométrie descriptive, et d'y appliquer l'analyse pour la première fois. Qui n'a pas connu alors ce vaste amphithéâtre semi-circulaire du Palais-Bourbon, dont le cercle inférieur était occupé par des notabilités scientifiques ; qui n'a pas été témoin de l'attention avide de ces quatre cents auditeurs, le regard fixé sur le professeur, et l'oreille, pour ainsi dire, suspendue à ses lèvres ; qui n'a pas vu ce spectacle frappant, ne s'en fera jamais une idée complète. Dans ce silence profond, l'on eût entendu le vol d'une mouche, mais surtout quand c'était Monge ou

Foùrcroy qui parlait. La géométrie à trois dimensions était l'objet des leçons de Monge ;
il lui fallait montrer les corps dans l'espace,
avec leurs formes, leurs grandeurs, leurs in-
flexions, leurs pénétrations diverses ; Monge
ne les faisait pas voir, seulement, avec la parole et le geste, il les faisait toucher, pour
ainsi dire, par les doigts à ses auditeurs, tant
il y avait d'harmonie entre les mots qui sor-
taient de sa bouche et les mouvements qu'il
imprimait à ses mains, et jusqu'à l'attitude
qu'il faisait prendre à toute sa personne. Alors,
quel feu dans ses yeux ! quel éclat dans sa
voix ! quelle variété dans ses intonations ! Ses
traits, un peu irréguliers, s'animaient jusqu'à
changer sa physionomie. Tant de moyens
combinés donnaient, de chaque chose, une
expression complète, s'adressant à trois sens
à la fois, en même temps qu'à l'esprit et à
l'intelligence. Quand il décrivait, de la parole, et dessinait, de ses mains, une surface de
révolution, on la voyait ; une surface déve-
loppable, on la développait avec lui ; une surface gauche ou toute autre surface à double
courbure, il l'engendrait avec son geste élo-

quent, de manière à la rendre palpable ;
les abstractions prenaient un corps avec lui ;
il avait l'art de rendre simples les choses les
plus compliquées, et claires, les plus obscures,
à force de les présenter sous plusieurs faces
différentes. On a prétendu que son élocution
manquait de facilité, parce qu'il était atteint,
dit-on, de bégayement : ce défaut n'existait
pas, il a été du moins fort exagéré par ceux qui
n'ont pas connu Monge ; car il était à peine
sensible. On a dit encore qu'il y avait de l'hési-
tation, de l'embarras dans sa diction, et l'on
en a conclu qu'il ne pouvait pas être bon professeur : j'en appelle à tous ceux qui ont entendu Monge en 1794 et 1795 ; ses leçons
avaient un cachet particulier, et se soute-
naient avec avantage à côté des leçons brillantes de Fourcroy, le professeur de l'école
qui maniait le mieux la parole. Cet embarras,
qu'on lui reproche injustement, n'était autre
chose que le travail de son esprit, qui lui faisait chercher plusieurs manières d'exprimer
sa pensée, plusieurs tournures animées, pour
la faire percevoir aux autres, jusqu'à ce qu'ils
en fussent pénétrés comme lui-même. Car il

avait une telle présence d'esprit au milieu de
son enthousiasme, qu'il discernait, avec son
œil de lynx, dans le vaste auditoire, si quelqu'un paraissait hésiter à comprendre ; de
là, de nouvelles formes dans son langage,
qui n'étaient pourtant ni redites ni répétitions.
De là aussi, parfois, des phrases inachevées,
quand son esprit courait à d'autres paroles,
à une autre explication (11).

Répondrai-je à cet autre reproche que lui
adressent des personnes qui ne l'ont pas assez
entendu, d'employer des locutions triviales ?
Mais il ne faut pas confondre des expressions
familières avec des trivialités. Il recourait
souvent à des images, quelquefois à des com-
paraisons tirées de l'ordre vulgaire, mais jamais il ne manquait de convenance ni de jus-
tesse. Certes, la mémoire de Monge ne peut être
chargée de ces vains reproches ; toutefois, si
l'on devait faire quelques légères concessions
à ceux qui lui refusent à tort les qualités du
professeur, il faudrait ajouter, pour être juste,
que la chaleur de son débit et les gestes dont
il l'animait lui donnaient une éloquence toute
particulière et une force d'enseignement et de

persuasion , que nul professeur , peut-être , n'a poussées aussi loin. Personne , au moins , n'a mieux su parler à l'imagination , en exposant des vérités abstraites comme celles de la géométrie ; son mode d'enseignement était neuf, comme la science qu'il enseignait.

Ce portrait, bien pâle, sans doute, mais conforme aux souvenirs fidèles de ceux qui ont été disciples de Monge en 1794, ne peut donner aux autres, sans doute, qu'une faible idée des leçons qu'il faisait à cette époque ; nous avons voulu seulement en esquisser le tableau : c'est pourquoi nous ne parlerons ni de ses leçons d'analyse appliquée , ni de ses leçons de physique météorologique , ni de ses recherches savantes faites à l'École, concurremment avec son cours (12) ; au reste , il n'est pas question ici de refaire l'histoire de l'École polytechnique : Monge , et ses relations avec Napoléon Bonaparte , sont presque tout l'objet de ces *souvenirs*, et il est bien assez étendu. (V. l'*Appendice* I°.)

En 1795 (la 2ᵉ année de l'École polytechnique), Monge avait connu à Paris le jeune général , alors destitué et sans emploi, si ce

n'est qu'il était attaché, sous Barras, au comité de la convention chargé des opérations
militaires. Il le vit ensuite à la célèbre journée
du 4 octobre (13 vendémiaire), qui fit la fortune de Bonaparte, et lui procura le commandement de l'armée d'Italie : peut-être est-
ce là l'origine de la mission que Monge reçut,
plus tard, du directoire (13), de s'occuper de
la réunion des objets d'art de ce pays cédés
à la France ou conquis par ses armes; de là
date, au moins, la liaison qui se forma entre
ces deux hommes supérieurs. Monge était
près de Milan, quand il reçut du vainqueur
l'honorable charge d'apporter au gouvernement le traité de Campo-Formio (signé le
26 vendémiaire) (17 octobre); il partageait
cette mission avec le général Berthier. Ce
traité, fruit de deux glorieuses campagnes,
donnait à la France, on le sait, sa frontière naturelle, la limite du Rhin; il lui assurait les îles
Ioniennes, et ne lui laissait plus d'ennemi que
l'Angleterre; cela se passait en octobre 1797.

Bientôt il fut suivi à Paris du général lui-
même : il faut avoir été témoin comme je l'ai
été (et des milliers d'autres, dont peu survi-

vent aujourd'hui) de la fête qui fut donnée au Luxembourg, en plein air, pour se faire une idée de l'enthousiasme et de la joie qui accueillirent à Paris le triomphateur et le pacificateur, venant remettre au gouvernement le traité ratifié par l'empereur d'Autriche (14) ; il fallait voir ces centaines de drapeaux, le plus bel ornement de la fête, que portaient des vétérans et des généraux eux-mêmes, les riches tentures que rehaussaient des palmes et des couronnes de lauriers, et une affluence immense ; la poésie et la musique célébraient à l'envie les exploits de nos héros.

L'enthousiasme fut à son comble, quand le général adressa son allocution aux premiers magistrats de la république avec cette mâle énergie qui a toujours signalé son éloquence militaire (15).

On doit commencer à comprendre comment ces brillants services, rendus à la patrie, depuis l'expulsion des Anglais de Toulon en 1793, jusqu'aux dernières victoires du Tagliamento et de Rivoli, exaltèrent l'imagination de Monge, homme d'un caractère si impressionnable et si ardent patriote. C'est alors

que son attachement pour le général Bonaparte commença à prendre le caractère de
l'admiration ; plus tard son amitié devint une
sorte de culte : il devait sentir plus vivement
qu'un autre ce qu'il y avait de facultés supé-
rieures dans cette puissante organisation.
C'est au reste, un reproche qu'on a adressé à
Monge, d'avoir aimé Napoléon jusqu'à l'idolâtrie ; mais ce tort, s'il est réel, était plus
excusable dans un homme né enthousiaste et
passionné, doué en même temps d'une imagination si vive et d'une bienveillance innée ;
qu'on ne croie pas, d'ailleurs, que ce sentiment
fût mêlé d'aucun esprit de servilité ; Monge a
su résister à Napoléon dans plus d'une oc-
currence, et notamment lors de la suppression des Écoles centrales, et de la malheu-
reuse réforme de l'École polytechnique : je
reviens au récit des faits.

Peu de temps après les fêtes du traité de
Campo-Formio, le vainqueur de l'Italie alla
visiter l'École polytechnique, création de
Monge et de ses amis ; il voulut voir en activité les travaux théoriques et pratiques de
l'École. Berthollet professa devant lui la chi-

mie. Ce fut pour l'École, et pour tous les élèves, un puissant encouragement; le souvenir de ces visites survit encore. Il disait : « Pourquoi l'École de Brienne n'était-elle pas » sur ce pied-là ? » (16)

Un certain nombre de commissaires étaient occupés alors à faire venir d'Italie les objets d'art dont j'ai parlé plus haut. Le directoire nomma Monge et Berthollet pour examiner leurs travaux (17). Monge resta en Italie; Berthollet revint en France où d'autres soins l'appelaient. Déjà il était question, quoique secrètement, d'une autre entreprise qui devait porter à l'Angleterre un coup des plus sensibles.

C'est à tort que quelques historiens modernes ont attribué à Napoléon la première pensée d'une expédition aux bords du Nil; l'initiative n'appartient pas davantage au directoire, bien cependant qu'il en ait été question dans son sein, avant que le général Bonaparte s'en soit occupé. Ce n'est pas du projet de Leibnitz que je veux parler, il était alors ignoré; il l'était même (quoi qu'on ait dit en Angleterre) au moment du départ de l'expédition. Sans remonter si haut, ni même jusqu'au ministère de M. de Choiseul qui avait des vues sur l'Égypte et pensait déjà à une colonisation, il faut seulement s'arrêter au commencement de l'an V; l'ambassadeur de la République près de la Sublime-Porte écrivait alors, à ce sujet, au ministre des relations extérieures, Talleyrand. Si l'on veut remonter un peu plus haut, à l'an IV, époque où Charles Lacroix avait ce portefeuille, on voit qu'il correspondait avec le consul de France en Égypte, et celui-ci, dès l'an III, avec notre ambassadeur à Constantinople, Verninac, sur un projet de conquête qu'il disait facile, ou du moins d'une occupation française momentanée, et *d'accord avec la Porte* (18).

Tel est le véritable point de départ, telle est l'origine directe et immédiate de l'expédition. Sans doute la correspondance du général en chef de l'armée d'Italie a fait quelquefois allusion aux affaires de l'Orient, du moins à l'avenir de la France dans la Méditerranée; ainsi, par exemple, il adressait le 27 septembre 1797 (6 vendémiaire an VI), de Passeriano, près de Campo-Formio, à l'armée

navale de l'Adriatique, sous le commandement de l'amiral Brueys, une proclamation
qui est assez remarquable dans ce sens ; on
y lit ces mots : « Avec vous, nous traverse-
» rons les mers, et la gloire nationale verra
» les régions les plus éloignées. » Enfin il
écrivait au ministre Talleyrand qu'il faudrait occuper l'Égypte (lettre du 17 septembre 1797, 27 frimaire an V). Ce qu'il faisait pour la conservation des îles Ioniennes
(traité de Campo-Formio) était encore en harmonie avec ces pensées ; mais *elles ont suivi,*
ET NON PRÉCÉDÉ *les préoccupations du gouvernement français.*

Monge était alors auprès du général ; il
avait peut-être eu connaissance d'anciennes
communications diplomatiques, pendant qu'il
avait le portefeuille de la marine, ou bien
au comité du salut public, qui fut longtemps
tout le pouvoir exécutif et entretint des relations directes avec les gouvernements étrangers.

La Porte se plaignait depuis longtemps des
exactions et de l'avidité des beys d'Égypte ;
le commerce français, de son côté, portait

les mêmes plaintes; on se souvient de l'ambassade ottomane envoyée en 1794 à Paris, où l'on n'avait pas vu d'envoyé Turc depuis longtemps.

On a cru et l'on a dit que la dépêche amicale du directoire à la Porte, au moment de l'expédition d'Égypte, était une dérision; c'est une erreur; l'Angleterre était intéressée à répandre des bruits fâcheux, à accuser nos démarches de déloyauté : mais on ne peut juger de la réalité du fait que par les pièces officielles (je les cite ici) et il ne faut pas se décider d'après le sort qu'a eu au Divan la communication diplomatique de M. de Talleyrand; cette issue fâcheuse est l'œuvre de l'intrigue britannique et des fautes de nos agents (19).

On a réussi à persuader au sultan et au ministère turc, que leur intérêt était compromis par l'expédition; que la France ne travaillait que pour elle-même, qu'elle ne voulait que dépouiller l'empire de sa plus belle province. Tous les reproches qu'on peut faire ici ne s'adressent point à la France : son tort et son malheur sont de n'avoir pas été secondée par son gouvernement et ses agents. Le ministre avait promis de se rendre lui-même à Constantinople, il ne le fit pas ; il écrivit, mais trop tard ; l'ambassadeur de France ne prit pas bien ses mesures, pour avertir la Porte et obtenir à temps son aveu ; enfin, il ne sut pas déjouer l'intrigue étrangère. Cependant, victorieux partout, il ne devait pas nous être bien difficile de persuader la Porte ; le général en chef y comptait bien, aussi s'est-il plaint, plus d'une fois, du défaut d'accord entre les opérations militaires et les démarches diplomatiques ; mais revenons à l'historique de l'expédition. Le général Bonaparte, sondé par le directoire, accepta le commandement. Il y entrevit sans doute plus que de la gloire, et sa vue perçante pénétrait dans un avenir lointain. Par là il échappait à la malveillance de plusieurs des puissants du jour, à la jalousie des généraux moins heureux et moins jeunes que lui ; son ambition avait un théâtre plus éloigné, moins fait pour susciter la rivalité. Il y avait plus d'obstacles, sans doute, plus de péril, plus d'incertain : autant d'attraits de plus ! Il accepta donc, fit un plan à lui, et se rendit propre, en quelque sorte, toute l'entreprise ; elle devint sa pensée personnelle ; il fut maître du choix de ses auxiliaires, et sa première idée fut d'appeler Monge à lui.

Monge, avec son ardeur accoutumée, embrassa chaudement un projet si hardi ; il fut du bien petit nombre de ceux que l'on mit d'abord dans le secret, qu'il connut peut-être avant de retourner en Italie. L'entreprise avouée était une attaque directe contre la Grande Bretagne ; aussi parla-t-on bientôt d'une armée d'Angleterre ; on vit paraître, rue Taranne un écriteau avec ces mots, *Quartier général de l'armée d'Angleterre;* ces mêmes mots étaient l'intitulé des passe-ports délivrés aux membres de l'expédition. Monge et son inséparable ami Berthollet (20), Caffarelli-Dufalga et, peut-être, trois ou quatre autres avec lui, furent des initiés. Voilà tous ceux qui surent le mot de l'énigme ; tant le secret fut bien gardé de la part du directoire et du général en chef (21).

Cependant, il fallait hâter les préparatifs, choisir les hommes et les choses, rassembler

tous les instruments du succès : que de dispositions à prendre, que d'achats à faire,
combien d'approvisionnements et d'équipages
pour quarante mille hommes, pour une flotte
de premier ordre ! Que de prévisions, et pour
la santé des troupes et pour un établissement
civil, en même temps que pour la guerre !
puis, que d'études pour discerner ou deviner
les difficultés nouvelles qu'amenaient avec
eux un climat si différent, un pays si nouveau, une religion, des mœurs et des cou-
tumes si opposées aux nôtres ! Par quelles
ressources devait-on combattre ces difficultés ?
Quels moyens opposer aux obstacles impré-
vus ? Il y avait là pour le physicien, le géomètre et le chimiste, comme pour l'homme
de guerre, d'immenses complications ; la prévoyance, l'analyse et le calcul n'avaient jamais eu de plus rude problème à résoudre.
Mais si la partie stratégique et militaire était
en bonnes mains, le reste n'était pas confié
à des mains moins savantes et moins habiles :
l'événement l'a montré. Berthollet, pendant
plusieurs mois de suite, s'occupa de toutes
les dispositions scientifiques. Comme la pre-

mière pensée de Napoléon Bonaparte avait été pour Monge, celle de Monge et Berthollet fut pour l'école polytechnique. Si nous avons bien fait, se dit Monge, de créer, il y a quatre ans, une école centrale d'ingénieurs, nous devons puiser aujourd'hui, dans les écoles d'application, ceux dont nous avons besoin. Il était conséquent, et le directoire n'avait rien de mieux à faire que d'accepter ce parti. Le ministre de l'intérieur désigna donc seize ingénieurs qui, en sortant de l'école Polytechnique, avaient déjà passé 1 ou 2 ans à l'école d'application des ponts et chaussées, plus trois élèves; six de l'école du cadastre ou ingénieurs géographes, un de l'école des mines. De son côté, le ministre de la guerre prit quatorze nouveaux officiers ou élèves du génie et de l'artillerie, et le ministre de la marine prit trois ingénieurs constructeurs de vaisseaux, tous sortis de la même école. On prit aussi un certain nombre d'ingénieurs déjà classés avant la formation de l'école polytechnique.

Ce n'était pas assez lui emprunter : on lui demanda encore plusieurs de ses professeurs et examinateurs. En outre de Monge et Ber-

thollet , le ministre de l'intérieur requit Fourier, Say et Costaz ; c'était, en tout, avec un
des inspecteurs de l'école polytechnique, cinquante-six personnes fournies par cette école
savante. Dans le nombre étaient plusieurs
chefs de brigade sortis de la maison Pommeuse, c'est-à-dire des disciples favoris de
Monge, savoir, Malus, Michel-Ange Lancret,
Saint-Genis ; plusieurs autres étaient sortis les
premiers de leur promotion. A ces hommes
on associa des naturalistes, des géomètres,
des chimistes, des astronomes, des philolo-
gues orientalistes, des littérateurs, des médecins, des artistes, des mécaniciens, enfin
des imprimeurs avec une typographie montée.

Parmi les personnes que Monge avait connues, il appréciait surtout un physicien modeste qu'il avait vu à l'œuvre à Meudon,
homme capable de tout en industrie, vrai génie inventeur ; c'est nommer Conté, qui était
alors à la tête du corps créé par le Gouvernement pour l'application des aérostats à la stra-
tégie. Conté, entre autres inventions, avait
presque trouvé une palette inaltérable ; et
lorsqu'en 1793, le puissant comité lui com-

mandait pour ainsi dire une découverte, savoir : *fabriquer des crayons sans mine de plomb,* donner à nos ingénieurs un instrument dont nous étions privés par la guerre avec l'Angleterre, Conté obéit, et fit de la mine de plomb sans plombagine ; il fit plus, il lui donna quatre degrés de dureté différents, et il fabriqua à moitié prix des produits anglais : Monge avait besoin pour l'Égypte de cet homme de ressources. Dolomieu, géologue renommé, Geoffroy déjà professeur au muséum d'histoire naturelle, Venture l'orientaliste qui connaissait à fond la politique ottomane, comme l'Égypte elle-même, Lepère architecte et Bertrand qui venaient de Constantinople, etc., etc., furent encore choisis par Monge et Berthollet comme des hommes spéciaux, précieux pour l'exploration.

Quant aux hommes de guerre dont le général en chef se réserva le choix, on sait assez de quelles capacités militaires il sut s'entourer : les noms de Kléber, Desaix, Caffarelli, Reynier, Dommartin, Murat, Andréossy, Belliard, Marmont, Friant, Lannes, Bertrand, Leclerc, Davoust, Donzelot, Bon, Crétin, Savary, Duroc,

Rapp, Junot, Lanussé, Rampon, Roize, Du-
puis, et bien d'autres, forment une pléiade
guerrière, la plus brillante peut-être qu'aucune
armée ait jamais comptée. L'armée navale ne
comptait pas moins d'hommes d'élite et de
cœur : voilà en peu de mots les éléments de
l'expédition.

Monge avait cinquante deux ans quand il
partit pour l'Égypte, Berthollet en avait cinquante : ainsi ces deux amis, qui ne s'étaient
guère quittés depuis vingt ans, qui s'étaient il-
lustrés tous deux par des découvertes marquan-
tes dans la chimie, allaient exposer tous deux,
aux hasards de la guerre, à des périls incon-
nus, les restes d'une vie précieuse pour la
science : mais alors la voix de la patrie parlait plus haut que le danger; on ne comptait
pas les sacrifices dans ces temps d'enthousiasme et de noble dévouement. La France
était sauvée, elle avait conquis la paix par-
tielle; elle était déjà grande, mais il fallait
consolider sa grandeur et conquérir, par un
effort de plus, la paix avec l'Angleterre (22).

C'était tout ensemble un touchant et singulier spectacle que de voir de tels hommes

réunis dans une pensée commune, à la fois scientifique et politique, et associant tous deux leur destinée à celle d'un jeune homme de vingt-neuf ans qui, malgré de brillants succès, n'avait pas encore, comme eux, une fortune de gloire toute faite.

En quittant les côtes de France, le général en chef adressa une proclamation à son armée, où il lui annonçait qu'elle aurait de rudes épreuves à subir; on remarqua qu'il se parait de son titre de membre de l'institut national; il continua de faire usage de cette pratique jusqu'à la fin de l'expédition.

Nous mîmes à la voile le 30 floréal an VI (19 mai 1798), et sans aucun obstacle nous ralliâmes plusieurs convois : entre autres, le 3 juin, le convoi de cent voiles composant la division embarquée à Civita Vecchia, à bord duquel étaient Monge et Desaix; ils furent reçus, mais devant Malte seulement, à bord du vaisseau amiral l'*Orient*, où l'attendaient Berthollet avec le général en chef Bonaparte, Eugène Beauharnais, Berthier et les autres officiers généraux. On raconte que Monge enchanta tous ces hommes d'élite par la description des merveilles des arts qu'il avait déjà, en partie, expédiées pour la France. Il apportait avec lui les caractères orientaux de l'imprimerie de la Propagande à Rome.

Au siége de Malte, comme plus tard, à l'attaque d'Alexandrie, Monge voulait payer de sa personne; on eut peine à contenir son ardeur (23). Il descendit un des premiers sur la terre d'Égypte; à peine l'avait-il touchée que déjà il observait, avec l'attention d'un physicien, ce sol d'Afrique si différent de la côte opposée d'Europe et d'Asie; les phéno-mènes de ce climat devaient en effet exercer de l'influence sur la vie et la santé comme sur les besoins de l'armée de terre et de mer. Alexandrie prise, il aurait voulu accom-pagner l'armée se portant rapidement sur le Caire, à travers le désert : le général ne le permit pas; il régla son départ, et celui de Berthollet, sur une flottille, qui avait ordre de remonter le Nil jusqu'à Rahmanieh, en même temps qu'arriverait l'armée débouchant par Damanhour. On a peu parlé de cette périlleuse navigation; dans un moment, ils coururent les plus grands périls. C'était la saison des basses eaux ; les barques restaient souvent engravées. Les Mamelouks occupaient les deux rives, le feu des barques soutenait la lutte inégalement, les beys étaient sur le point de s'emparer de la flottille ; on remarqua que Berthollet allait prendre à terre des cailloux, et qu'il en remplissait ses poches. Que faites-vous donc là ? lui dit-on. « Comment ? répondit-il, d'un ton calme, avec » le plus grand sang-froid ; vous ne voyez pas » que nous sommes perdus ! ce que je fais, » c'est pour aller au fond de l'eau si je suis » tué, et ne pas tomber en leur possession. »

Quand on se rappelle le combat de géants nommé bataille des Pyramides, Bonaparte en face de Mourad bey, seize mille Français à pied et deux mille cavaliers devant quarante mille hommes, dont plus de douze mille cavaliers les plus braves, les plus aguerris, les mieux montés et les mieux armés du monde, et ces carrés fameux qu'il fut impossible aux beys d'entamer malgré des prodiges de valeur, on se représente Monge et son ami, au milieu d'un de ces carrés, attendant l'issue d'une pareille mêlée. Le danger était grand sans doute, mais la flottille qu'ils avaient quittée devait être la proie des flammes; la chance était encore meilleure au centre d'un carré; on connaît le dénoûment.

Une fois la bataille gagnée, les vainqueurs traversèrent le Nil et suivirent jusque dans le Caire les Mamelouks fugitifs, cherchant à sauver du moins leurs trésors, leurs richesses, leurs femmes; vain espoir! l'armée triomphante entra aussitôt qu'eux dans cette grande cité, la seconde de l'empire. Peu restèrent cachés dans la ville; ce qui avait échappé à la bataille se partagea entre Ibrahim et Mourad, les deux cheykhs el-Beled; le premier emmena en Syrie les beys, kâchefs et mamelouks qu'il put rassembler; le second emmena le reste dans la haute Égypte. Ainsi, l'armée demeura maîtresse de presque toutes ces richesses, de tout le mobilier, de tous les objets de luxe qui encombraient les palais des fugitifs, des beys et de leurs lieutenants. Il fallait assurer la conservation de tant de choses précieuses; il était à craindre que dans ces premiers moments de trouble qu'amène une invasion, l'on n'en frustrât le trésor pu-

blic (24); c'est à quoi pourvurent Monge et
Berthollet, en conseillant au général de faire
dresser sans délai un inventaire général et de
confier l'opération à plusieurs des jeunes ingénieurs sortis de l'école Polytechnique, tâche
dont ils s'acquittèrent avec autant de zèle et
de fidélité que d'exactitude et de prompti-
tude : c'était la première épreuve que subis-
saient les disciples de Monge comme serviteurs de l'État. Quant aux applications des
études scientifiques de l'école, elles ne se
firent pas attendre; les uns, restés à Alexandrie, aidaient les astronomes à fixer la position des lieux et à faire la triangulation du
territoire; ils étaient aidés par trois signaux,
comme il y en a peu : le monument qui a
succédé au phare d'Alexandrie, l'aiguille de
Cléopâtre et la colonne dite de Pompée; ou
bien ils relevaient les passes avec les sondes
des deux ports et de la rade, ainsi que toute
la topographie entre le Marabout, le lac Ma-
réotis et le chemin d'Aboukir; les autres, se
répandant déjà du Caire dans les provinces,
faisaient réparer les digues et les canaux; ils
étudiaient le régime du fleuve; ils faisaient

les reconnaissances préliminaires qui devaient précéder le grand travail géographique. L'institut du Caire, nouvellement établi, donnait à tous l'impulsion ; Monge en était l'âme. Il conseilla de frapper l'imagination des indigènes, à l'occasion de la fête du 1er vendé démiaire, par un spectacle tout nouveau pour leurs yeux, l'ascension d'un aérostat ; Conté réussit sans peine à le construire et à l'élever, mais non à étonner les Africains, peu faciles à émouvoir et fort en garde contre les arts des Européens ; deux fois il lança des montgolfières, sans produire plus de surprise ; on a vu des gens traverser la grande place Ezbékiéh, pendant que le ballon marchait, et ne pas même daigner lever la tête.

Une circonstance honorable pour Monge et la nation française mérite de nous arrêter un instant. Hornemann, voyageur anglais, se trouvait au Caire, au moment de l'occupation française : son but était de pénétrer par l'Égypte dans l'Afrique centrale. Il demanda un sauf-conduit au général en chef ; les avis furent partagés. Le fait est que M. Hornemann était de droit prisonnier de guerre ; on avait droit

de le retenir. On ajoutait qu'il fallait s'assurer de lui comme d'un homme suspect,
l'Angleterre ayant peut-être, en lui, un es-
pion. Monge et Berthollet allèrent trouver le
général en chef; ils prirent M. Hornemann
sous leur protection; ils dirent qu'il était
digne de la nation française de protéger les
entreprises de découvertes, et de laisser le
voyageur continuer sa carrière; cet avis pré-
valut : on doit à cette noble démarche qu'Hornemann ait pénétré dans l'intérieur de l'A-
frique, au delà du Fezzan; par malheur il
succomba, avant d'avoir atteint son but complétement (25).

Monge reçut une grande marque de confiance du général en chef, lors de la formation d'un divan général de l'Égypte, choisi
entre les députés de toutes les provinces : il
fut nommé avec Berthollet, le 12 vendémiaire
an VII (3 octobre 1798), pour remplir les
fonctions de commissaire français près de cette
assemblée, charge que remplit ensuite Fourier;
la première séance du divan général eut lieu le
16 vendémiaire. Les événements vinrent en-
traver malheureusement les opérations de cette

assemblée, qui aurait pu faire du bien avec la participation des commissaires français.

L'Institut d'Égypte avait été créé le 3 fructidor an VI; Monge fut le premier président, le général Bonaparte fut nommé vice-président, et Fourier secrétaire perpétuel, dans la séance du 6 fructidor. Dès cette première séance, le *citoyen Bonaparte* posa cinq questions économiques d'une importance vitale pour l'armée, et une double question administrative dans l'intérêt de la population. Monge fut nommé de quatre des commissions chargées de les résoudre, et, dès la séance suivante, 11 fructidor, il lut son Mémoire sur le Mirage, où, pour la première fois, on donnait une explication rigoureuse et satisfaisante de ce singulier phénomène, qui avait été fatal à plus d'un Français dans le passage du désert d'Alexandrie.

C'était un curieux coup d'œil de voir assister à cette académie improvisée, à cette nouvelle École d'Alexandrie, de vénérables musulmans, des dignitaires de l'ordre des ulémas, quoiqu'ils n'entendissent pas encore un mot de notre langue. Ils étaient attirés par le spec-

tacle d'une assemblée délibérante qui ne s'occupait, ni de religion, ni de guerre, ni de
politique, et encore par la présence du *Sultan-
Kébir*, du guerrier invincible, qui n'avait
qu'une voix comme le dernier de l'assemblée, et qui soumettait sa pensée à la décision
des hommes d'art et de science. Cette appa-
rente humilité, sans rien ôter de leur admiration pour le vainqueur de Mourad-Bey, re-
haussait à leurs yeux les savants, les artistes,
les ingénieurs français ; cela ne contribua pas
peu, par la suite, à faciliter leurs travaux et
leurs découvertes. Monge et Berthollet s'ap-
pliquaient à leur procurer, dans l'armée
comme dans le pays, la considération dont ils
avaient besoin : c'est ce que ceux-ci n'ont jamais oublié.

Monge était souvent nommé, par l'Institut,
membre des commissions qui avaient à examiner toutes sortes de sujets utiles pour l'é-
tablissement français ; ce qui ne l'empêchait
pas de produire des mémoires scientifiques,
tout comme s'il eût eu à justifier sa nomina-
tion, lui qui était de l'Académie des sciences
depuis l'an 1780. Il communiqua des re-

marques curieuses sur la pierre *numismale* qui a servi à bâtir la citadelle du Caire, comme, trente siècles auparavant, la grande pyramide d'Égypte ; cette pierre avait été tirée de la montagne voisine appelée Mocattam ; il la comparait à une pierre presque semblable dont sont bâties les murailles de la ville de Laon, parce que les petites coquilles fossiles dont la pierre est remplie à Laon sont aussi en forme de pièces de monnaie.

D'autres fois, il lisait des Mémoires de physique et de mathématiques ; le 21 messidor an VII, il lut un Mémoire sur une surface courbe particulière très-compliquée, comme, le 6 frimaire précédent, il avait donné une explication des phénomènes de la capillarité ; dix jours après, il déterminait, avec l'astronome Beauchamp, la déclinaison de l'aiguille aimantée, pour le Caire, à la quantité de 12 degrés 30 minutes ouest.

La révolte du Caire est un fait trop connu pour en refaire le récit : on sait que toute la ville poussée par les riches, qui refusaient de payer un nouveau droit d'enregistrement, excitée aussi par les proclamations de la Porte répandues avec profusion , à l'instigation des agents britanniques , s'insurgea le 30 vendémiaire an VII (21 octobre 1798) ; qu'on attaqua tous les Français sans défense , et les postes trop faibles pour résister; que trois cents Français périrent pendant les deux jours et demi que dura l'insurrection , et que nous perdîmes les instruments des sciences et des arts , les outils, les machines, tous les approvisionnements scientifiques qui venaient d'arriver, la veille même, dans la maison de Moustapha-Kachef qu'occupait le général Caffarelli.

Le matin de ce jour fatal, au milieu d'une pleine sécurité, j'avais d'abord accompagné le directeur du corps du génie géographe , se rendant dans la maison du général Caffarelli, où il devait trouvait la mort; par une circonstance toute fortuite, il m'envoya à la maison nouvelle, pour presser les travaux d'installation que j'avais été chargé de diriger, maison située dans un quartier très-isolé; c'est là qu'entouré d'ouvriers arabes de tout genre, seul Français et tout occupé de ma mission, je fus averti de ce qui se passait par la fusillade et le bruit du canon. Je vins à bout de me replier de poste en poste jusqu'au palais d'Hassan-Kachef (ou de l'Institut) , au moment où Monge donnait des ordres et prenait des dispositions pour la défense; car déjà la population rugissait autour de notre quartier. Un jour, deux jours, deux nuits se passèrent sans qu'on vînt à notre secours, sans presque avoir de nouvelles du quartier général, situé à une lieue de distance. L'état des choses empirait de moment en moment. C'était le second jour, l'agitation et le désordre commençaient à se glisser dans notre troupe , au milieu des cris furieux de la populace. Les avis étaient partagés. Monge n'écoute personne ; il distribue les postes, place les uns devant la porte du palais, les autres devant la cour, ceux-ci aux fenêtres, ceux-là aux issues des jardins. Cependant les révoltés approchaient; ils commençaient à nous cerner de trois côtés ; un siége était imminent; les cris de mort redoublaient avec le bruit de la fusillade, des bombes et du canon, mêlé aux chants sauvages des Mouezzins, qui du haut des minarets appelaient les fidèles au combat. Les moins braves d'entre nous essayaient de se cacher, les autres étaient occupés à fortifier les endroits faibles. La question fut agitée si l'on resterait, ou si l'on quitterait la maison : un bon nombre étaient d'avis de faire retraite sur le quartier général ; déjà même l'on commençait à se mettre en ordre pour sortir. Monge, alors, redoublant d'énergie, se met en travers ; il demande aux plus résolus : « Oserez-vous abandonner les instruments des sciences confiés à votre garde ? Vous ne serez pas sortis, que les révoltés feront irruption ici et mettront tout en pièces. » Berthollet, Fourier, Costaz, firent les mêmes instances : nous restâmes. Conté faisait la même chose que Monge dans la maison voisine, occupée par les ateliers de mécanique. Mon poste était devant la porte avec cinq autres, bien décidés à défendre l'entrée jusqu'à la dernière extrémité. Monge se multipliait, il était partout à la fois. Il n'y a pas le moindre doute que sa fermeté, sa présence d'esprit, sa prudence nous ont sauvés. Les messages qu'il envoyait au général Bonaparte y contribuèrent encore, puisqu'il arriva enfin quelques guides pour nous dégager. Ceux qui ont reproché à Monge de manquer de caractère ne l'ont pas vu pendant ces deux terribles journées.

L'activité la plus grande succéda bientôt à ces jours d'anxiété. Il fallait refaire et reconstruire tout ce qui avait péri, et jusqu'aux outils eux-mêmes. Le genéral en chef demanda : « Qu'allons-nous faire, sans outils? — Eh bien! dit Conté, nous ferons les outils. » Et il les fit.

Conté, Coutelle et leurs collaborateurs y pourvurent, dans les ateliers de mécanique. En même temps, on fondait un jardin d'acclimatation ; l'on rétablissait le nilomètre de Roudah ; on réparait les anciens canaux ; on en creusait, on en projetait d'autres ; on observait le régime du Nil, on s'occupait de la description géométrique du pays, on déterminait la position des lieux par des observations astronomiques ; des cabinets de physique et de chimie et une bibliothèque publique étaient ouverts dans le palais de l'Institut ; celui-ci s'assemblait régulièrement deux fois par décade. On améliorait la monnaie, on étudiait les cultures, le sol, les animaux, les productions naturelles ; on ramassait les manuscrits arabes; on publiait les séances de l'Institut et un journal politique et littéraire. On fondait une bibliothèque. On analysait le limon et l'eau du Nil, le natron, le sel ammoniac, les substances employées dans les arts.. On s'occupait de l'indigo, du sucre, du coton et des autres plantes tropicales : on faisait enfin toutes sortes d'essais et d'expériences. Monge et Berthollet étaient le centre de tous ces travaux ; ils étaient secondés par Costaz et Fourier. Je ne parle pas des opérations des corps d'ingénieurs militaires : il n'est question ici que des travaux scientifiques proprement dits.

J'ai passé sous silence les travaux militaires, administratifs ou économiques, indispensables pour le service de la colonie, pour la santé de l'armée, pour la défense du pays ; l'arme du génie comptait pour cela des hommes du premier ordre, tels que Caffarelli, Say, Malus, Detroyes, etc., ainsi que celle de l'artillerie, Andréossy, Dommartin, Songis, etc.; des médecins savants et dévoués, comme Desgenettes et Larrey ; des administrateurs exercés comme Poussielgue, Sucy, Estève et plusieurs autres. Tant de travaux et d'activité étonnèrent les habitants, qui jamais n'avaient rien vu de pareil, et si apathiques de leur naturel : ils nous appelaient des sorciers.

J'ai dit que le général en chef, malgré des soins nombreux, assistait quelquefois aux séances de l'Institut. Il prit une fois la parole et demanda comment on allait faire pour se procurer du bois de construction. « Je ne » vois ici, dit-il, que des forêts de dattiers; » on ne peut en faire une solive et à peine de » mauvaises planches; et la mer nous est » fermée! » Monge garda le silence; personne ne répondit. « Eh bien, dit le général Bona- » parte, il ne faut pas s'étonner si l'Égypte » est aujourd'hui sans bois de construction; » elle n'en a jamais eu; c'est un pays plat : » les montagnes qui la bordent sont nues et » dépouillées; il faut tirer les bois de l'Abys- » sinie; là sont des Alpes inconnues; nous » ferons sauter les cataractes; nous coupe- » rons là-haut des sapins magnifiques; on » jettera les arbres dans le Nil; ils arriveront » ici en quinze jours dans les hautes eaux, » et nous aurons des poutres pour nos bâti- » ments, des mâtures pour nos vaisseaux;

» les Pharaons n'ont pas fait, n'ont pu faire
» autrement. » Monge fut transporté d'admiration, et toute l'assemblée avec lui, à cette
singulière improvisation. Personne encore
ne pouvait savoir combien elle était fondée !
A quelque temps de là, je copiais, dans
les monuments de Thèbes, des bas-reliefs où
l'on voit une forêt en pays montagneux, dans
laquelle un guerrier égyptien fait abattre de
grands arbres par les peuples vaincus (26).

Nous avions de l'autre côté du palais d'Hassan-Kachef, le vaste jardin de Cassim-Bey
pour la promenade du soir ; la conversation
de Fourier faisait le charme de nos entretiens ;
Monge y développait tantôt ses vues sur l'a-
venir de l'Égypte, tantôt ses doctrines scientifiques, tantôt des aperçus nouveaux sur sa
chère géométrie descriptive. Il parlait avec
chaleur, il colorait tout du feu de son imagination. La beauté du ciel, le parfum des
orangers, la douceur de la température ajoutaient encore à l'agrément de ces réunions,
qui se prolongeaient au milieu de la nuit ;
souvenir délicieux d'une époque à jamais
mémorable (27) !

Le général en chef résolut de se porter à Suez pour connaître l'état du port, la navigation de la mer Rouge, l'isthme qui la sépare de la Méditerranée. Il voulait savoir aussi que penser du canal qui, jadis, avait joint le Nil à la mer Arabique, selon les historiens. Il emmena Monge, Berthollet, Costaz, Lepère l'ingénieur en chef, Caffarelli et d'autres encore. Personne n'avait vu jusque-là les vestiges de cette ancienne communication : ce fut le général Bonaparte lui-même qui en fit la découverte; il se trouva un moment séparé de la troupe, dirigeant son cheval de droite et de gauche dans cette mer de sables; c'est alors qu'il aperçut le premier les deux murs de quai opposés; il s'écria alors : « Monge, Monge, nous sommes en plein canal; » les ingénieurs, par la suite, reconnurent les vestiges, depuis Suez jusqu'à Bubaste.

C'est pendant ce voyage à Suez que Monge passa en Asie, de l'autre côté du golfe de Suez, et alla voir les sources de Moïse. Ces sources lui fournirent, à son retour au Caire, le sujet d'un mémoire où il donna l'explication d'un curieux phénomène.

Bientôt un voyage d'une tout autre nature occupa la pensée du général en chef. L'Angleterre avait réussi, par ses intrigues à Constantinople, à décider l'envoi d'une armée en Syrie. Djezzar, pacha d'Acre, était chargé de faire une grande levée d'hommes dans cette province. Le grand visir approchait avec son armée ; le général français instruit de tout par ses émissaires, jugea qu'il fallait prévenir l'attaque des Osmanlis en se portant sur Saint-Jean d'Acre.

Il emmena l'élite de ses troupes et de ses généraux, il emmena aussi Monge, Berthollet, Costaz, etc. ; on traversa péniblement le désert qui sépare l'Afrique de l'Asie. Rien n'arrêta, même la peste, la marche triomphante de nos soldats depuis El-Arich jusqu'à Saint-Jean d'Acre. Cette place était en communication avec la flotte anglaise, mais elle nous était nécessaire pour recevoir les approvisionnements venant d'Égypte par mer ; on ne pouvait la laisser derrière soi et passer outre, le siége fut donc mis devant la place. Livrée à ses seules forces, et défendue seulement par les Osmanlis, elle n'eût pu résister soit aux savantes manœuvres de nos officiers du génie, Caffarelli, Say, Detroyes, etc., soit à la valeur de nos troupes ; mais on sait que Sidney-Smith d'un côté, et un émigré français, de l'autre, défendaient la ville et lui fournissaient tous les secours dont elle avait besoin. Des fièvres typhoïdes et la dyssenterie régnaient dans l'armée ; Monge fut atteint de fièvre intermittente, compliquée de dyssenterie. Le général Bonaparte, bien qu'absorbé par les événements les plus graves, les pertes les plus sensibles, fut frappé du danger que courait la vie de Monge. Il allait souvent le voir et le consoler. Il veillait même au chevet de son lit et lui présentait son breuvage. Il chargea Desgenettes de lui prodiguer tous ses soins ; toutefois Berthollet, qui avait commencé sa carrière comme médecin, s'offrit lui-même pour soigner son ami. Il s'établit dans la tente de Monge ; pendant trois à quatre semaines il resta auprès de son lit sans le quitter d'un instant (28) et, à force de veilles, de dévouement et d'attention, il parvint à le retirer des bras de la mort ; deux fois celui-ci avait failli de succomber. Le malade fut sauvé assez à temps pour qu'il pût supporter les fatigues d'une retraite longue, et bien difficile (29)./

J'ai dit ailleurs quelle avait été la rentrée au Caire de la petite armée de Syrie, c'est-à-dire de ce qui avait survécu à la guerre, aux fatigues et à la peste; comment le général avait transformé ce retour prématuré en une marche triomphale, quelle impression avait reçue le peuple égyptien en voyant chaque soldat couvert de palmes, persuadé maintenant que les bruits sinistres répandus par les émissaires de la Porte étaient de pures fictions. Aussi vit-on alors plus de sécurité que jamais dans le pays (30); les révoltes avaient cessé, les contributions rentraient avec facilité, la solde était au courant. Desaix avait triomphé jusqu'aux cataractes, on était maître de la mer Rouge sur la côte égyptienne. C'est alors que l'artiste Denon, qui n'avait pas quitté d'un jour l'avant-garde de l'armée du Saïd, revint chargé de son butin archéologique; ses portefeuilles étaient remplis des dessins des monuments de Denderah, de Thèbes et de Philæ et de tous les points intermédiaires. Il

avait vu et dessiné en courant ; mais il avait
tout dessiné ou tout vu , il avait observé en
homme d'esprit et de goût ; sa mémoire était
riche des détails les plus curieux , il les expo-
sait avec chaleur. L'Institut du Caire l'écoutait
avec une curiosité mêlée d'admiration ; l'enthousiasme gagnait tout le monde , et Monge
surtout, qui voulait, disait-il, remonter jusqu'en Nubie. Lui qui avait vu les plus anciens
manuscrits connus, ceux d'Herculanum, s'ex-
tasiait à la vue du papyrus apporté par Denon,
manuscrit plus ancien peut-être de vingt à
trente siècles, et devant les peintures des
tombeaux des rois, les dessins du zodiaque
de Denderah ; il se faisait dire les énormes
dimensions des colosses de Thèbes et celles des
obélisques ; il en calculait le poids , ainsi que
la force nécessaire pour les transporter et les
ériger ; il recherchait quels outils avaient pu
servir pour tailler et polir des matières aussi
dures. Enfin il se faisait décrire les carrières
de granit où les anciens ont puisé leurs matériaux, et disait que ce devait être là un champ
vaste et neuf d'observations : quel bonheur,
ajoutait-il, de voir et de toucher ces mer-

veilles des arts si vantées et si peu connues !
le moment approchait où il allait en perdre
l'espoir pour toujours.

L'arrivée de Denon suggéra au général en
chef la pensée d'envoyer plusieurs commissions pour explorer la haute Égypte : c'était
d'ailleurs le désir de la plupart des membres
de la commission des sciences et des arts, qui
étaient présents au Caire. Le général décida
que douze à quinze personnes, sous la conduite de Fourier, et autant sous celle de Costaz, remonteraient le Nil et partiraient sans
retard ; c'était le 27 thermidor an VII (14
août), saison la plus favorable parce qu'alors
le vent souffle constamment du nord. Le chef
de l'état-major, le général Berthier, fit des
difficultés pour me laisser partir avec une des
deux commissions et finit par un refus absolu,
menaçant même, si j'insistais, de m'envoyer
à la citadelle. Dans cette extrémité j'allai
trouver Monge qui m'entendit avec bonté et
finit par me dire qu'il ne s'engageait pas à
vaincre l'obstination de Berthier : puis il
ajouta modestement : il faut que tu t'adresses
à Costaz, c'est la troisième personne de l'ar-

mée. Celui-ci consentit à solliciter, mais il n'obtint rien : il revint à la charge, à dîner chez le général en chef, sans réussir davantage. Le général Andréossy échoua encore auprès du général Berthier, jusqu'au point que celui-ci jura de donner sa démission, si j'obtenais de partir : tant M. le chef d'état-major était poussé par une mesquine animosité! Ne savait-il pas que le général Bonaparte avait fait dire à l'Institut que tous ceux qui voudraient aller dans la haute Égypte auraient les moyens de faire le voyage? Ce ne fut que onze jours après que j'obtins cette faveur tant désirée, mais à la suite d'un fait imprévu.

Pendant qu'on organisait le départ des deux commissions d'exploration, divisées chacune en deux sections, et autant de bâtiments armés et approvisionnés, avec une escorte à bord, il se préparait, dans le même moment, une mesure des plus graves, et dans le plus grand secret. Le 28 thermidor, un bruit vague ou plutôt un soupçon se répandit au palais de l'Institut, c'est que le général Bonaparte se disposait à partir inopinément, rappelé peut-être par le directoire pour rétablir les affaires en Italie ; que, sans doute, il emmenait avec lui les principaux personnages de l'armée, entre autres, Monge et Berthollet. Personne (ou bien peu parmi nous) ne voulait croire à la réalité d'une pareille supposition ; Costaz et Fourier refusaient hautement de l'admettre ; Geoffroy, au contraire, y croyait fermement. Parseval-Grandmaison, le poëte, quoique inscrit sur la liste des voyageurs de la haute Égypte, après avoir causé avec Monge, venait de renoncer au voyage ; on donnait ce fait pour un indice ; un autre était la nouvelle que *la Carrère* et *la Muiron* avaient été équipées et armées à Alexandrie, et mises en état de partir ; il n'y avait là tout au plus que matière à conjecture. Tel était l'état des esprits lorsque Monge et Berthollet, revenant d'un grand dîner qui avait été donné par le général en chef, entrèrent dans la salle des conférences, fort préoccupés et visiblement embarrassés. Conté rapporta que le général en chef lui avait demandé certain portrait, trois fois dans la journée, coup sur coup. On sut que Monge avait fait présent à la Bibliothèque de tous ses livres et manuscrits, et, à Conté, de sa provision de vin. D'un autre côté, Monge nous assurait qu'il avait la parole d'honneur du général qu'aussitôt notre retour de la haute Égypte, nous partirions pour la France. On emballait au Caire les pavillons turcs pris en Syrie, les drapeaux et les queues de pacha pris lors de la victoire d'Aboukir. Monge répondait peu aux questions : parfois, il se parlait à lui-même; on l'entendait dire : Pauvre France! Ensuite, parlant à ceux qui étaient désignés pour aller au Saïd : « Que vous êtes heureux, mes amis! vous allez voir Thèbes. » Les deux journées suivantes se passèrent sans apporter de nouvelles lumières; mais, dans la soirée du 30, tout fut éclairci. A dix heures, la voiture du général en chef Bonaparte parut devant le palais de l'Institut; elle venait chercher Monge et Berthollet. Ils partirent du réfectoire avec la plus grande précipitation pour faire faire les malles. Berthollet descendit le premier et s'assit sans proférer un mot, mais l'air morne et contrit. Aux questions qu'on lui adressait, il ne répondait que par des paroles insignifiantes, comme « je ne sais rien de la

bouche du général; » le silence le plus profond régnait dans la salle. Monge descendit
enfin, la figure animée, l'air embarrassé.
Comme il se taisait, Costaz lui dit : « Eh bien,
» citoyen Monge, tiendrons-nous séance sur
» les ruines de Thèbes? » Monge, troublé,
répondit : « Oui, nous tiendrons séance à
» Dendera... sous... dessus... Dendera... »
parlant par mots entrecoupés. « Passerez-
vous par Damiette? » demande Parseval. « Je
» ne sais rien, répond Monge; je crois que
» nous allons dans la basse Égypte, » et se
parlant à lui-même : « Le général va trop vite
» dans ses expéditions. » C'est alors qu'il se
retira et fit ses adieux; il semblait n'avoir
plus la tête à lui; il lui coûtait de quitter
si brusquement ses collègues, ses amis, ses
disciples, de les abandonner aux chances
d'un sort incertain; il était alors onze heures
de nuit. Costaz et Fourier le rejoignirent dans
la cour, le priant d'expliquer tout ce mystère;
Monge repoussa l'idée du départ pour la
France, mais faiblement, il parla d'une absence de trois à quatre mois. « Je crois, dit-il,
que le général a dessein de passer de Menouf

aux lacs Natroun ; de là, au Fayoun, et d'é-
tudier la partie ouest du désert, comme il a
étudié l'autre. » Monge et Berthollet gagnèrent
la rue, où les attendait l'équipage, escorté des
guides, et ils montèrent en voiture. Fourier
et Costaz les rejoignirent encore une fois, en
traversant la rue jusque sous la porte con-
duisant au fort de l'Institut ; j'étais avec eux :
« La commission est alarmée de votre départ
» subit, lui dirent-ils ; qu'avons-nous à faire
» pour la rassurer, pour couvrir notre respon-
» sabilité ? »—« Mes amis, dit Monge, si nous
» partons pour la France, nous n'en savions
» rien aujourd'hui avant midi ; » et tout finit là.

Cette aventure consterna tout le monde.
Personne ne pouvait deviner les motifs de nos
respectables chefs. Les probabilités étaient
pour le retour du général en France ; appa-
remment nos revers en Italie le rappelaient ;
l'Égypte était conquise, pacifiée ; il suffisait
d'un général habile pour la conserver, et l'armée n'en manquait pas. Mais il restait encore
quelque incertitude, et les paris s'engagèrent,
pour et contre le voyage de France. Plusieurs
des nôtres disaient que ce n'était pas le mo-

ment d'aller s'enfoncer dans le pays, jusqu'à deux cents lieues, jusqu'aux cataractes (31). Les plaintes des uns, la résignation des autres, l'abattement de tous, tel fut le résultat de cette scène tout à fait imprévue. Néanmoins l'on décida, le lendemain, quoiqu'il pût arriver, que rien ne devait suspendre le départ des commissions pour la haute Égypte; et, en effet, la Commission Costaz mit à la voile le 2 fructidor an VII (19 août 1799) pour remonter le Nil; la Commission Fourier partit le 9; les navires étaient armés et approvisionnés et munis d'escorte. Quant à moi, Berthier absent, j'avais pris la résolution de partir, avec ou sans l'autorisation militaire, Fourier m'ayant donné son plein consentement. C'est un service rendu, que j'aime à proclamer, et que je me suis toujours efforcé de reconnaître.

Parseval-Grandmaison, décidé, lui, à retourner en France, quitta le Caire et rejoignit à grand'peine Alexandrie et les vaisseaux en partance. Le général Bonaparte, fléchi par Monge et Berthollet, le reçut à bord, avec Denon et Jaubert; ils furent les seuls membres de l'Institut d'Égypte qu'emmenait le général.

Il partit sur *la Muiron* le 5 fructidor an VII
(12 août) à 10 heures du soir, emmenant les
généraux Berthier, Andreossy, l'amiral Gantheaume à son bord, ainsi que Bourienne,
Lavalette, Monge, Berthollet, Denon, Jaubert (32). On sait le reste : après d'heureux
hasards, César et ses amis, le vent de la fortune en poupe, atteignaient Fréjus le 17 vendémiaire an VIII (9 octobre 1799) ; nous autres, ce même jour, étions sur les ruines de
Thèbes, déjà de retour des Cataractes, occupés
à vérifier les sublimes paroles de Bossuet.

C'est à Philæ que nous avions appris d'une
manière positive le départ pour la France.
Geoffroy avait gagné son pari.

C'est seulement l'influence de Monge, et ses
effets bienfaisants sur les travaux scientifiques
en Égypte, que j'ai voulu peindre : je l'ai fait
le plus fidèlement que j'ai pu (quoique bien
succinctement) d'après mes notes, mes souvenirs et mon journal de voyage. Monge une
fois absent de l'Égypte, il n'est pas de mon
sujet de le suivre dans sa nouvelle carrière.
Mais je dois le montrer sur un autre théâtre,
où on le verra encore exerçant une action sa-

lutaire sur les entreprises utiles pour les sciences, glorieuses pour le pays.

Monge apprit, avec joie, que Kléber avait
proposé au gouvernement français de réunir
en un seul faisceau les observations et les
découvertes de tout genre faites en Égypte,
et dans les contrées environnantes, par les savants et les artistes français, pendant toute la
durée de l'expédition. Cette pensée lui parut
bonne, il l'appuya chaudement auprès du
premier Consul ; il se joignit à Berthollet,
Costaz et Fourier, pour la faire fructifier et
obtenir une mesure libérale. Chaptal était alors
ministre de l'intérieur ; éclairé par leur con-
cours, il jugea peu digne du gouvernement
de livrer à la spéculation de la librairie (33),
des travaux scientifiques préparés aux frais
de l'État, et il proposa d'en faire un ouvrage
national, de le publier aux frais du trésor
public, avec tout le développement que méritaient la grandeur du sujet, la richesse des
monuments antiques de l'Égypte, l'intérêt
qu'elle présente dans son état actuel, l'importance industrielle et commerciale de ses productions naturelles. Mais en même temps, le

ministre prenait des mesures administratives
pour prévenir les écarts, et ne rien donner à un
luxe inutile. Une commission spéciale de huit
personnes fut chargée de présider à l'exécution de l'ouvrage, d'en coordonner les travaux
et de rendre compte au ministre ; *Conté*, en qualité de commissaire du Gouvernement, chargé
de diriger les travaux ; *Fourier*, de rédiger la
préface ; un secrétaire de la Commission exé-
cutive, *Lancret*, devait rédiger les procès-ver-
baux et seconder le commissaire du Gouvernement. Mais la mesure la plus importante, la plus
efficace, consistait à faire discuter les matériaux
par l'assemblée générale des collaborateurs,
c'est-à dire de tous les membres de l'Institut et
de la Commission des sciences et arts. Le président de la Commission spéciale devait signer les
matériaux admis par l'assemblée, avant qu'ils
fussent envoyés à la gravure ou à l'impression. Le président nommé fut Berthollet ; mais
très-souvent la commission spéciale s'assemblait chez Monge, qui suggérait toujours des
vues lumineuses, des moyens d'exécution
simples et judicieux. Comme il n'est pas question de traiter ici de l'exécution et de la com-

position de l'ouvrage, on ne dira rien de plus des travaux de Conté et de ses coopérateurs.

Monge et Berthollet, le dernier surtout, étaient l'âme de tous ces travaux, dont l'activité peut-être n'a jamais été dépassée, puisque, moins de deux années, après le commencement de l'entreprise, avaient suffi pour finir plus de cent planches, gravées par les meilleurs artistes, et d'une dimension inusitée. Aussi le premier quart de l'ouvrage était imprimé en 1807, et le 1er janvier 1808, on a pu le présenter à Napoléon. Conté avait péri dans cet intervalle, à la fin de 1805. L'élève chéri de Monge, Lancret, un de ses chefs de brigade de l'école, l'un de ceux qui étaient le plus versés dans l'analyse, comme le plus habile dans la partie graphique de la géométrie descriptive, Lancret fut nommé à sa place, il succomba aussi à la fin de 1807. Monge qui me connaissait comme un de ses fidèles et fervents disciples, et m'avait vu à l'œuvre aux rives du Nil comme à Paris, se joignit à Berthollet et me fit nommer secrétaire, à la mort de Conté, et commissaire du gouvernement à la mort de Lancret. Il m'avait déjà couvert de sa protection, lorsque ma mission en Bavière, en 1802 et 1803, me tenait éloigné des travaux de la Commission d'Égypte. J'étais en effet dans les montagnes du Fichtelberg, non loin d'Egra en Bohême, quand je reçus de Monge et de Berthollet une réponse favorable du ministre de la guerre : c'était une réparation du refus que j'avais essuyé au Caire ; et ce qu'il y a d'assez piquant, c'est que le personnage que ces savants sollicitaient pour moi, était précisément le chef d'état-major de l'armée d'O-rient devenu ministre de la guerre, celui qui m'avait si rudement traité en Égypte. Le service que m'avait rendu Fourier au Caire en 1799 serait resté sans fruit, sans celui que Berthollet et Monge me rendirent en Europe en 1803.

C'est ainsi que Monge reversa sur moi une partie de l'affection qu'il accordait à Lancret : ce fut pour moi la plus précieuse partie de l'héritage de cet ami bien regrettable et bien cher, bien digne par son talent, par l'élévation de son esprit et la loyauté de son caractère, du sentiment que Monge lui portait.

Le roi de Hollande, Louis Bonaparte, avait

fait la campagne d'Orient ; Monge l'engagea, lors de son voyage à Paris en 1808, à visiter les travaux de *l'ouvrage sur l'Égypte* ; ce prince fut satisfait, étonné même de l'avancement de l'entreprise et de la beauté de l'exécution ; il voulut bien nous en témoigner sa satisfaction d'une manière spirituelle et délicate ; c'est encore un motif de reconnaissance pour la mémoire de Monge.

Tout ce qu'il avait fait pour le voyage scientifique, et pour la publication des matériaux, méritait de la part des coopérateurs une marque de gratitude. Par une décision spontanée ils décidèrent que le portrait de Monge et celui de Berthollet, seraient, avec l'agrément du ministre, insérés dans l'ouvrage : on verra bientôt ce qu'il en est advenu. Je passe à une époque bien différente et bien douloureuse.

1814 est arrivé ; l'étoile de la France a pâli ; l'éclat de la couronne impériale a jeté ses derniers rayons. Si la restauration, mieux conseillée, avait su distinguer parmi les hommes de la révolution ceux qui n'avaient été mus que par le sentiment patriotique, si elle avait compris ce que la France tirait d'illustration de ceux qui avaient agrandi le cercle des découvertes et reculé les limites des sciences, elle n'aurait point persécuté le vénérable Monge, âgé alors de soixante neuf ans, le créateur de la géométrie descriptive, et le principal fondateur de l'École polytechnique; elle ne l'aurait pas fait descendre du fauteuil inamovible d'académicien, lui, presque le doyen de l'Académie des sciences et de l'Institut. Cette expulsion de Monge est une tache ineffaçable de l'administration de l'époque (34).

C'est sur la fin de cette année 1814 que je reçus une mission relative à la publication de l'ouvrage sur l'Égypte. Huit à neuf monuments égyptiens de premier ordre, recueillis par la Commission des sciences et des arts d'Égypte, étaient devenus la proie de l'armée anglaise, lors de l'évacuation du pays. Ces monuments, dessinés par les artistes et les ingénieurs français, devaient être gravés dans l'ouvrage; c'étaient entre autres la célèbre pierre trilingue de Rosette, les sarcophages du Caire et d'Alexandrie, les deux petits obélisques du Caire, un fragment du colosse de

Memphis et un autre d'un sphinx de Thèbes ; je fus chargé, à la paix, d'aller en prendre des empreintes exactes au Musée Britannique. Ma mission réussit complétement, grâce, il faut l'avouer, à l'intervention généreuse de Sir Joseph Banks, président de la société royale de Londres, l'un des compagnons de voyage du capitaine Cook. Je passai plusieurs mois en Angleterre à l'époque où les préventions nationales n'avaient pas encore permis aux deux peuples de se rendre une justice réciproque ; aussi ne fus-je guère compris à mon retour, quand je parlai des prodiges de l'industrie anglaise, de l'avancement des arts, de l'instruction des classes populaires. Quand je revins, c'était l'époque des Cent jours. Je vis Monge et lui parlai de mon voyage. Il pressentait le dénoûment. La persécution, un moment suspendue contre les serviteurs de la révolution, allait reprendre son cours : il ne pouvait en douter : la catastrophe était imminente. Il savait que la Grande-Bretagne est une terre de liberté, où toutes les opinions sont respectées, où l'on accueille les victimes politiques. Il me dit une fois, c'était en juin 1815 :

« Tu es bien heureux d'avoir vu l'Angleterre,
» c'est un pays libre, n'est-ce pas? Les ré-
» fugiés de tous les pays y sont libres et pai-
» sibles, n'est-il pas vrai? Qui connais-tu à
» Londres? etc., etc. » Il parlait avec une
agitation extraordinaire, c'était le premier
symptôme du fatal affaissement de ses facultés
qui marqua les dernières années de sa vie. Il
est clair qu'il avait le projet vague ou arrêté
de se retirer à Londres. Certes il y aurait été
reçu avec distinction, avec tous les égards
dus aux génies créateurs.

Je ne pouvais guère que lui parler de ma mission archéologique, mais il ne prenait plus un
aussi grand intérêt aux souvenirs de l'Égypte.
Je lui nommai alors les hommes éminents
que j'avais connus, Sir Joseph Banks, Sir
Humphrey Davy, Ch. Blagden (35), le major
Rennell, Millingen, Wollaston, D^r. Young,
Robert Brown, Richard Chenevix, Richard
Payne-Knight, Wm Hamilton, Taylor Combes,
et d'autres savants encore, qui m'avaient
accueilli avec une bienveillante hospitalité et
avaient, le premier surtout, facilité ma mission. Monge était septuagénaire alors; les

circonstances ne lui permirent pas de faire le voyage.

On sait que trois ans plus tard, le 48 juillet 1818, il succomba, moins à l'âge qu'à la peine morale, à la douleur de voir Napoléon perdu pour la France, au chagrin que lui causait l'abaissement de la patrie, au sentiment amer de l'injustice des uns et de l'ingratitude des autres. Il était entouré de ceux de ses anciens disciples qui étaient présents à Paris, et d'un grand nombre d'amis tels que Fourier, Lacroix, Prony, Bosc, Huzard, Geoffroy, Larrey, Chaptal, Anthelme Costaz, etc., et en première ligne, Berthollet, Laplace, Lagrange, Cuvier, Legendre. Je ne parle pas de sa famille, dont l'affection était un culte, dont la tendresse le combla de soins, et donna quelque douceur à ses derniers instants.

Qu'il me soit permis, maintenant, de raconter un fait postérieur de sept années, mais où le nom de Monge est intéressé. J'ai dit que son portrait avait été dessiné et gravé pour l'ouvrage sur l'Égypte ; la Commission des sciences et des arts présenta au roi en 1825 la dernière livraison de l'ou-

vrage ; cette livraison renfermait les portraits ; il paraît que ces images frappèrent
plus la cour de Charles X, que les monuments antiques et modernes, ou bien les productions naturelles de l'Égypte. Car peu après
la présentation, le ministre de l'intérieur,
le comte de Corbière, appela le commissaire du gouvernement dans son cabinet,
et lui dit : « Monsieur, pourquoi ces portraits,
» que vous avez présentés au roi? sont-ils
» joints à l'ouvrage, quel rapport cela a-t-il
» avec les observations faites en Égypte ? » Je
lui répondis que c'était en vertu d'une décision approuvée par le Ministre, que l'on avait
voulu perpétuer le souvenir des services rendus, et à l'expédition scientifique, et à la
publication, par Monge et Berthollet. « Mais,
» dit le ministre, cela n'est pas à sa place ; il
» faut ôter ces portraits. » — « Comment, lui dis-
» je, comment, même avec un ordre, oserais-
» je me présenter devant la famille de Monge,
» celle de Berthollet, celle de Conté, qui con-
» naissent la décision authentique prise pour
» l'insertion des portraits, et leur en notifier la
» suppression ? Comment pourrais-je le faire

» sans les affliger, sans essuyer des reproches
» mérités? Moi-même, ajoutai-je, qui dois
» écrire toutes les notices biographiques, et
» qui ai déjà fait imprimer celle de Berthollet,
» ne serais-je pas frappé personnellement par
» cette mesure violente? Permettez-moi donc
» d'essayer de la prévenir. » — « Non, me dit
» M. de Corbière, ce n'est plus possible, il ne
» faut pas plus de notices que de portraits. »—
« Mais, lui dis-je, la dépense est faite, le des-
» sin, la gravure, le tirage, tout est terminé :
» cette dépense serait donc perdue ! » Quand le
ministre vit que j'insistais avec tant de force,
il me prit les mains : et me dit : « Eh bien,
monsieur Jomard, je vous en prie, faites dis-
paraître ces portraits et je vous en aurai obli-
gation. » Voyant le ministre aussi inébran-
lable, je crus pouvoir risquer une réflexion.
« M. le comte, lui dis-je, il faut un motif bien
» puissant pour qu'on prenne une pareille
» mesure. Est-ce que par hasard, on aurait
» été choqué au château de voir le portrait
» de Gaspard Monge, ce ministre de la marine
» à l'époque de la Révolution en 1792? Est-
» ce qu'on croirait aux mensonges de la *Bio-*

» *graphie des hommes vivants* par M. Michaud ?
» n'ont-ils pas osé dire que Monge avait donné
» un bal le jour de la mort du roi Louis XVI?
» mais vous pourrez sans peine, vous assurer,
» M. le ministre, que ce grief est absolument
» faux. Vous ne pouvez y croire sans preuve;
» on n'en apporte aucune; c'est une calomnie
» gratuite. » Le silence du ministre me fit voir
que j'avais touché juste; pour toute réponse,
il me pressa de nouveau, avec la plus grande
force, et avec prière, de ne point faire paraître
ces portraits, et de publier la livraison sans
eux. Je ne pris aucun engagement, et je courus
à l'imprimerie royale pour m'assurer, si la
notice de Berthollet avait été tirée. Le correcteur me dit qu'il l'avait donnée au tirage; le
chef de la composition tergiversa et finit par
me renvoyer à l'inspecteur général, le marquis
de Villebois, qui lui, me dit, sans hésiter,
qu'il était venu un ordre supérieur et que
toute la notice était *distribuée*. Je retournai
alors chez le correcteur et je lui demandai ce
qu'il avait d'épreuves : Je ne pus rapporter
avec moi que le *bon à tirer* : c'est, pour moi,
comme le manuscrit de cet opuscule.

J'y cherchai ce qui pouvait avoir poussé à une mesure aussi violente et aussi arbitraire : il me fut impossible d'y trouver une ligne de politique. Les éloges donnés à Monge, le jour de ses obsèques, par Berthollet son ami, et quelques phrases analogues de l'auteur de la notice, avaient pu seuls exciter la bile d'un censeur ; et comme cet écrit n'était encore connu de personne, il faut supposer que l'administration de l'imprimerie royale l'avait obligeamment dénoncé à l'autorité supérieure. Peut-être encore la censure avait-elle trouvé à reprendre à une petite allocution du directeur de l'École polytechnique, rappelant aux élèves, à l'ouverture des cours, en l'an VII (pendant que nous étions en Égypte), une ancienne visite faite à l'École par le vainqueur de l'Italie, et les paroles encourageantes qu'il leur avait adressées pour les exciter à l'étude (36) : voilà tout ce que la notice renfermait de séditieux.

J'ai cru devoir, pour la première fois, consigner ici en détail cette anecdote, parce qu'elle montre que la persécution dirigée contre Monge, dans les dernières années de sa vie, s'attacha encore à sa mémoire, et le poursuivit au delà du tombeau.

Par cette mesure inique, j'ai été privé de la douceur de consacrer quelques lignes en l'honneur de Monge et de Berthollet, dans l'ouvrage même dont la publication leur est due (37); sans eux, tous les matériaux n'auraient pas été réunis; sans leur influence, le gouvernement n'aurait pas ordonné de les publier aux frais de l'État. Toutefois les portraits ont paru avec la dernière livraison, et voici comment.

L'impression des dernières parties de l'ouvrage ayant beaucoup tardé malgré mes soins incessants, j'écrivis au ministre de l'époque pour lui demander l'autorisation de faire paraître les portraits, en lui représentant qu'ils étaient imprimés et tirés depuis plusieurs années, que la dépense était faite, et que je n'attendais pour les joindre à la dernière livraison qu'une décision ministérielle. La demande par bonheur fut octroyée sans autre objection; on était pressé de clore l'ouvrage, et c'était un autre ministre, M. le comte de Labourdonnaye :

le hasard, cette fois, fut pour la justice.

Nous terminerons ici ce fragment sur la vie de Monge et sur les relations qu'il eut avec Napoléon, général et empereur, non sous le rapport politique, mais sous celui des sciences et des arts. Il y avait d'ailleurs, chez l'un et chez l'autre, quelque chose d'impétueux, de pétulant et parfois de fougueux, qui avait la même source, c'est-à-dire une imagination vive, prompte comme l'éclair; mais Monge ne savait pas, comme Napoléon, la contenir et s'en rendre maître.

Cette esquisse est bien faible sans doute; toutefois, si elle a pu donner quelque idée de l'homme éminent que nous avons voulu peindre à ceux qui ne l'ont pas connu personnellement, et qui ne connaissent de lui que son nom ou ses ouvrages, nous nous féliciterons d'avoir écrit ces simples lignes. Peut-être aurions-nous dû insister davantage sur ses qualités morales, sur sa bonté touchante et son caractère généreux; il en a donné plus d'une preuve. Personne n'ignore que n'ayant pu obtenir de l'empereur que les jeunes gens sans fortune, hors d'état de

payer une pension, fussent reçus gratuitement
à l'École polytechnique, il consacra au paye-
ment de la pension, pour plusieurs sujets
qui étaient dans ce cas, son traitement et sa
pension de professeur (38). Ce n'était pas
seulement de l'intérêt qu'il ressentait pour ses
élèves, c'était une affection de père, et quelquefois même un amour fraternel ; il remon-
tait alors en quelque sorte à l'âge de la jeunesse, pour leur parler en ami, en camarade,
en frère ; c'était une douce familiarité qui
touchait vivement tout le monde, à plus
forte raison celui qui en était l'objet. Sa
bonhomie était vraie, sa gaieté aimable
et douce (39) ; il avait parfois la candeur
naïve d'un enfant. Il était surtout sensible à
l'équité, l'injustice le révoltait. Sa modestie
était sincère ; jamais je ne l'ai vu se prévaloir
de tout ce qu'il avait fait pour l'expédition
scientifique d'Égypte ni pour ses travaux en
Italie. Combien peu, à sa place, aux jours so-
lennels où la commission des sciences d'Égypte
présentait ses publications successives au chef
de l'État, auraient refusé de prendre la parole ! Il est vrai que Berthollet en faisait au-

tant : eh bien ! ces savants illustres laissaient parler au prince les jeunes hommes qui les accompagnaient au palais impérial. Berthollet a fait la même chose deux fois encore sous le régime suivant : n'est-ce pas là le signe d'une bonté ingénieuse et délicate ?

FIN.

P. S. On a relevé un peu sévèrement quelque manque de rigueur dans les explications de physique atmosphérique données par Monge, ainsi que dans l'explication conjecturale du feutrage et quelques autres encore : il n'ignorait pas plus que ses censeurs que ces explications étaient peu rigoureuses; mais, entraîné par le feu du débit, il ne se donnait pas toujours le temps de les soumettre aux conditions du calcul ou de l'observation : mais combien ces idées étaient ingénieuses, neuves, séduisantes! Nous ne croyons pas devoir défendre ces inductions dans un écrit qui a pour principal but de faire comprendre l'homme et son caractère.

On a dit que sa prononciation était vicieuse et qu'il avait de la difficulté à parler, due à un bégayement naturel : je trouve là plus que de l'exagération. Comment, avec un défaut tel, aurait-il pu parler, comme il le faisait si souvent, avec tant de feu et de volubilité pendant des heures entières, surtout dans ses cours publics et devant 450 auditeurs ?

Décembre 1844.

JOMARD.

NOTES.

NOTES.

———

(1) Il était l'aîné de deux autres frères, qui ont été, comme lui, examinateurs des écoles publiques. Il fut professeur de physique à seize ans, comme Fourier, qui aussi fut professeur d'analyse au même âge, Fourier, dont il sera question ici plus d'une fois. Le père de Monge était commerçant à Beaune, d'autres disent artisan ; il procura à ses fils une éducation soignée, à l'aîné surtout, qui étudia chez les Oratoriens, à Beaune, puis à Lyon. — J'omets aussi ses travaux antérieurs de Mézières, bien connus de tout le monde, et ses expériences sur la décomposition de l'eau, faites en même temps que celles de Lavoisier. (Voy. l'*Essai historique sur Monge*, par M. Ch. Dupin.)

(2) La même année que Berthollet.

(3) Le cuivre pour la fonte des canons était tiré du métal des cloches ; en France alors, on fabriquait un million et demi de salpêtre par mois ; on coulait

des canons en bronze et en fer dans 45 fonderies ; chaque mois produisait, à Paris seulement, 12,000 fusils ; on inventait le télégraphe et on l'appliquait aux besoins de la guerre ; quelques semaines suffisaient à l'opération du tannage qui, autrefois, exigeait plus que des mois entiers. On fabriquait en grand de l'acier, fabrication sur laquelle Monge avait fait, en 1786, avec Berthollet et Vandermonde, un mémoire important, mémoire où était exposée la nature de l'acier et du fer dans ses différents états. Monge s'occupa encore de l'établissement des raffineries de salpêtre et des fabriques de poudre.

(4) Il eut le temps d'ordonner plusieurs grands armements, et, entre autres services qu'il rendit à la marine française, il eut le courage de lui conserver des officiers distingués que la révolution menaçait, de sauver des hommes comme Borda.

(5) Laplace est resté moins longtemps encore au ministère de l'intérieur, moins d'un mois et demi.

(6) Lagrange, Monge, Laplace, Berthollet, Haüy, Daubenton, Thouin, Garat, Bernardin de Saint-Pierre et d'autres encore. Fourier était l'un des élèves ; il passa bientôt au rang des maîtres ; les leçons se donnaient dans l'amphithéâtre du jardin des plantes ; elles durèrent du 1er janvier à la fin d'avril 1795.

(7) Là M. Hachette était le répétiteur de Monge ; J.-N Jomard était un de ceux qui traçaient, sous la

direction et les yeux de Monge, les épreuves-modèles, au trait et au lavis, avec la perspective et les ombres rigoureusement déterminées.

(8) M. Fourcy, dans son Histoire de l'École polytechnique, a avancé à tort qu'on entrait sans examen à l'École des ponts et chaussées; M. Clément était l'examinateur des candidats. Le directeur général du corps, M. Perronet, n'aurait pas souffert un tel abus.

(9) J'en citerai un autre qui n'est pas sans importance : l'inventeur de la tachygraphie française, Coulon-Thevenot, assistait à ses cours, il les recueillait par sa méthode, que l'ancienne Académie des sciences avait approuvée : Monge en sentait tout le mérite; il me conseilla de la pratiquer; j'en ai tiré le plus grand parti pour moi depuis plus de 50 ans; c'est un service de plus que je dois à ce maître vénéré.

(10) Je parle peu ici des autres professeurs de l'école et des élèves, pour ne pas sortir de mon sujet et allonger ce fragment. Voy. à l'*Appendice I°*, une note sur l'*École polytechnique*.

(11) Ce jugement est confirmé par celui qu'a porté M. Brisson dans sa notice historique sur Gaspard Monge. « Plusieurs, dit-il, parlaient mieux que » Monge; aucun ne professait aussi bien que lui. »

(12) Monge s'occupa beaucoup d'une des belles applications de la géométrie descriptive, les panora-

mas, qui ne sont autre chose qu'une projection sur une surface cylindrique, peinture où l'illusion de la perspective linéaire est complétée par celle de la perspective aérienne.

(13) En 1796. Sur cette mission, voyez la notice sur Cl.-L. Berthollet, par M. J. (in-f°, Paris, 1825, et in-8, année 1844, p. 17 et 44).

(14) 10 décembre 1797.

(15) C'est peu de temps après que la classe des sciences physiques et mathématiques de l'Institut national nomma le général Bonaparte à la place vacante de Carnot, section de mécanique. Cette élection fut préparée, rue Chantereine, entre Monge, Laplace et Berthollet ; ils étaient, avec Kléber, Caffarelli, Chénier et quelques autres, les élus de la petite réunion du fameux hôtel. Dans l'Annuaire de l'Institut pour les ans IX et X, le nom du général est Napoléone Bonaparte.

(16) Notice sur la vie et les ouvrages de Cl.-L. Berthollet, *Anneci*, 1844, in-8, p. 44. Je puis dire : j'étais-là.

(17) Monge avait été déjà nommé avec Berthollet, Moitte, Barthélemy, Labillardière, Thouin, etc., pour le choix des tableaux, statues, ouvrages d'art et collections attendus d'Italie. Cette commission des arts partit au mois de mai 1797. Berthollet revint seul après l'achèvement du travail préliminaire.

(18) L'idée de cette entreprise était fondée sur la tyrannie et les exactions des beys, dont le commerce de France souffrait particulièrement.

J'ai voyagé dans l'Égypte moyenne avec ce personnage consulaire qui s'appelait Magallon : c'était un homme sage, modéré, instruit. Ses lettres au ministère français datent de mars 1795 ; elles précèdent de beaucoup celles du général Bonaparte au directoire, où le général disait à celui-ci : C'est en Égypte qu'il faut attaquer l'Angleterre (16 août 1797, 29 thermidor an V), et même la proclamation datée de Bassano, le 10 mars même année. D'un autre côté, il faut se souvenir que les ennemis de Bonaparte attribuèrent nos revers en Italie, et les embarras où se trouvait la République, à l'expédition d'Égypte, jusqu'au point de faire décréter d'accusation trois membres du directoire qui, sans doute alors, rejetèrent sur le général en chef le projet et la responsabilité de l'entreprise : ce qui ne dut pas peu contribuer à accréditer cette opinion qu'il en était l'auteur ; mais cette opinion paraît devoir être abandonnée définitivement. Au reste, on ne peut se dissimuler que l'expédition n'était pas vue en France avec faveur, puisque cette mesure violente avait été prise par le corps législatif, malgré le décret précédent du conseil des Cinq-Cents, portant ces mots : *l'armée française victorieuse* (en Égypte) *a bien mérité de la patrie* ; le décret fut rendu à la suite d'un message du directoire du deuxième jour complé-

mentaire an **VI**, qui *justifiait pleinement l'expédition*. Voy. l'*Appendice II°*.

Je crois devoir citer ici la lettre peu connue
que le général Bonaparte écrivit du Caire à Tippoo-
Sahib (Saïb), le 7 pluviôse an **VII**, pour demander
à se concerter avec lui :

Quartier général au Caire.

« Bonaparte, général en chef au sublime sultan,
» notre plus grand ami, Tippo-Saheb : tu es déjà
» instruit de mon arrivée sur les côtes de la mer
» Rouge avec une armée nombreuse et invincible,
» animée du désir de t'affranchir du joug de fer de
» l'Angleterre. Je saisis cette occasion pour te faire
» savoir que je désire être renseigné par toi sur Mas-
» cate et Mocha, ainsi que sur tes propres relations
» politiques. Je te prie d'envoyer à Suez ou au Caire
» un homme intelligent qui possède ta confiance et
» qui puisse négocier avec moi : que le Tout-Puis-
» sant augmente ta puissance et anéantisse tes enne-
» mis. »

Il est à croire, si cette lettre publiée en Angleterre,
comme trouvée dans les archives de Tippo-Sahib,
est authentique, que plusieurs expressions ont été
altérées.

L'initiative, selon le *Courrier de l'Égypte*, n° 22,
avait été prise par le prince indien; car il arriva de
Scringapatnam à Suez, à la fin de frimaire an **VII**,
un émissaire de Tippo-Sahib avec une dépêche pour
le général en chef; les Arabes la lui enlevèrent à

Djeddah. Il raconta que la conquête de l'Égypte par les Français avait été apprise dans l'Inde avec joie. L'iman de Mascate nous était favorable.

Le *Journal* d'El-Gabarti, membre du divan du Caire (le cheykh Abderrahmân), p. 115, cite une lettre du général en chef au divan, datée de Syrie, et où le général énumère toutes les raisons qui lui font lever le siége d'Acre; le onzième motif est celui-ci : « Les réponses de Tipo (*sic*), roi de l'Inde, » aux lettres que nous lui avons adressées avant » notre départ pour la Syrie. » Gabarti ajoute : « Tipo continua la guerre avec les Anglais, fut » vaincu, et mourut en l'année 1202 (*sic*), ainsi que » ses trois enfants. »

Il est curieux de voir, pendant qu'on dépréciait en France l'Égypte et l'expédition, des émigrés français, MM. de Calonne, au contraire les exalter, cela en Angleterre. (*Courrier de Londres*, 1798.)

(19) La Porte a, dans le principe, blâmé le pacha d'Égypte qui avait quitté son poste à l'arrivée des Français, et fui à Gaza; elle a désavoué sa conduite, elle l'a destitué et remplacé par le pacha de Damiette Ibn-adin-abi-Allah. Djezzar lui-même accueillit mal Ibrahim-Bey dans le commencement.

On a abusé à Londres et à Paris de quelques mots échappés à Volney, qui, à son retour d'Amérique, félicitait l'Égypte d'être délivrée du joug des barbares Osmanlis. Voyez *l'Appendice II°*.

(20) Berthollet sera souvent cité dans ces *notes et souvenirs ;* on ne saurait séparer ces deux hommes ; c'était en quelque sorte une seule personne en deux, une âme en deux corps, à ce point qu'à l'armée d'Orient les soldats les prenaient pour un même individu qu'ils appelaient *Mongéberthollet* (en un seul mot), auquel, d'ailleurs, ils en voulaient beaucoup pour les avoir amenés dans le *pays du sable.*

(21) Toutefois, le mot d'Égypte fut prononcé dans un numéro du *Moniteur* (germinal an VI), mais d'une manière vague, et comme une conjecture entre beaucoup d'autres.

(22) Le général Bonaparte, au mois de février 1798 (ventôse an VI) avait été, avec Kléber et Desaix, inspecter les côtes de la Manche, et il avait visité Dunkerque et Calais. C'est à son retour, au commencement du mois de ventôse, qu'il fit part de ses vues sur l'Orient au directoire exécutif, et c'est le 15 de ce mois (5 mars 1798) que celui-ci arrêta l'expédition et décréta que M. de Talleyrand irait à Constantinople. Le général en chef quitta Paris le 14 floréal (3 mai).

(23) A Malte, Monge fut chargé, avec Berthollet, de vérifier les trésors de l'église Saint-Jean, l'hôtel des monnaies, les dépôts de diamants et d'objets précieux, les caisses et les magasins publics, et d'en faire dresser l'inventaire.

(24) Cela s'est vu depuis.

(25) Ce n'était pas la première fois que la France venait au secours d'un voyageur anglais : Bruce, ayant fait naufrage sur la côte de Benghazi, fut pillé par les Arabes et perdit tous ses instruments d'observation. Louis XVI les remplaça à ses frais.

(26) Voy. *Description de l'Égypte, antiquités,* vol. III, pl. 40, fig. 5.

(27) Quand le général en chef alla visiter de près les pyramides, il voulut être accompagné par Monge, ainsi que par Berthollet, Costaz, Fourier. C'était pendant les hautes eaux ; le thermomètre marquait 29 degrés Réaumur. Monge était le doyen d'âge de toute la troupe, et ce fut lui qui monta le premier, ou plutôt qui s'élança pour gravir la grande pyramide ; un jeune homme n'aurait pas exécuté avec plus de prestesse cette rude ascension.

(28) Costaz, dans cette occasion, déploya aussi beaucoup de dévouement pour son ami, son collègue de l'institut d'Égypte ; on doit à Desgenettes d'avoir empêché qu'on transportât le malade au couvent de Nazareth ; il y aurait péri infailliblement. Monge n'a jamais oublié les marques de tendre amitié que lui prodigua le général Bonaparte pendant cette longue maladie. Après les douloureux événements de 1815, il disait : Ce n'est pas sur l'empereur que je pleure, c'est sur l'ami qui me

soignait à Saint-Jean-d'Acre, et m'offrait le breuvage. C'en est assez pour expliquer ce culte, cette
idolâtrie du savant pour le guerrier en retour des
marques d'un sincère attachement ; ajoutons que le
général a montré, en d'autres circonstances, une
sensibilité vraie, qualité que les historiens ont eu
tort de lui refuser d'une manière absolue.

(29) Il fut en état de faire l'excursion aux ruines
de Peluse en compagnie du général en chef, et même
jusqu'à la bouche d'Omm-Fareg, lorsque le général,
au retour de Syrie, partit de Catiéh pour faire cette
reconnaissance ; son projet était de protéger par des
forts les embouchures du Nil. Ce voyage de Monge
est l'origine du titre que l'empereur donna plus tard
au savant, en le faisant comte de Peluse.

(30) Sur le désir du général en chef, l'Institut
s'occupa de faire réunir les observations auxquelles
avait donné lieu l'invasion de la peste pendant la
campagne de Syrie. Monge fut chargé de désigner à
cet effet une commission spéciale. Desgenettes s'é-
tait refusé à en faire partie ; le travail n'eut pas lieu
et le projet n'eut pas de suite : je m'abstiens de rap-
peler les circonstances de cette affaire.

(31) Quelques-uns ajoutaient que l'armée ne
voyait pas la commission de bon œil ; que, dans un
moment critique, nous serions abandonnés des
soldats au lieu d'être protégés ; je n'étais pas de cet
avis, malgré une aventure qui semblait justifier

cette assertion. J'étais une fois dans un endroit marécageux occupé à des opérations topographiques ; mon escorte était à distance, j'enfonçai tout d'un coup, avec mes instruments, jusqu'au-dessus de la ceinture ; lors j'appelai les soldats à mon aide ; il en vint un qui se posta en face de moi, sans songer le moins du monde à venir à mon secours ; « Ah ! dit-il, t'y voilà ; chien de savant, vous avez voulu nous mettre dedans ; eh bien ! tire ton plan, à présent ! » Je me hâte d'ajouter que, dans vingt autres circonstances, j'ai été secondé activement et généreusement par mon escorte.

(32) Sur la *Carrère* étaient les généraux Murat, Lannes et Marmont ; les aides de camp Beauharnais, Duroc, Merlin, l'Huillier, Montesuy, y étaient aussi embarqués.

(33) C'est un projet qu'on avait d'abord conçu en Égypte.

(34) Je ne parle pas de ce que Monge, comte de Peluse, a fait à Liége, dans sa sénatorerie, pour les sciences, parce que cela sort de mon sujet, ni des représentations réitérées qu'il avait faites auparavant à l'empereur pour l'empêcher de dénaturer l'institution de l'École polytechnique, qu'il défendit jusqu'à la dernière extrémité, parce qu'il ne fut pas assez heureux pour réussir, ni pour empêcher le casernement ; nous en subissons, *aujourd'hui même*, les conséquences. Tous ces services furent oubliés à la fois.

Cette mesure violente a eu lieu en 1816.

J'ai dit que Monge était le principal fondateur de l'École polytechnique : un mot qu'il a dit à M. Vallée suffirait pour le prouver : « J'ai arrangé tout comme je l'ai voulu. »

(35) L'ancien secrétaire de la Société royale.

(36) Voy. *Notice sur la vie et les ouvrages de Cl.-L. Berthollet.* Anneci 1844, in-8, p. 44.

(37) Je remplis aujourd'hui, autant qu'il est en moi, un devoir arriéré, une lacune qu'ont laissée dans l'*ouvrage sur l'Égypte* la malveillance d'une autorité ombrageuse et l'ingratitude du temps; un faible hommage de la reconnaissance du disciple a déjà été offert à la mémoire de l'illustre maître à la tête de mon *Recueil d'observations et de recherches sur l'Égypte ancienne et moderne*, Paris, 1821.

(38) Depuis 1810 jusqu'en 1816.

(39) Monge était trop sérieux pour aimer à faire de la plaisanterie, quoiqu'il le souffrit sans peine chez les autres; sa gaieté, comme celle de Berthollet, était du genre grave. Quelquefois, cependant, il disait sérieusement des choses plaisantes au fond, mais jamais dans l'intention de chagriner. Quand il arriva d'Égypte (c'était deux ans avant nous), ma mère, qui n'avait aucunes nouvelles de moi depuis deux ans, alla le trouver : « Ne soyez pas inquiète,

Madame, lui dit-il, votre fils se porte bien; je l'ai vu dernièrement opérant dans la campagne; il avait un bandeau sur la tête.... — Comment, dit-elle avec inquiétude, il a été blessé? — Non, reprit-il, ce n'est rien, il n'y a qu'un œil de menacé; le bandeau est sur les yeux. C'est une ophthalmie... »

APPENDICE.

Iº Note sur l'École polytechnique.

On a dit que l'Empereur avait eu la pensée de détruire l'École polytechnique; le fait est qu'en plusieurs occasions elle se montra plus qu'indisciplinée et que l'Empereur en éprouva de l'irritation. Monge en prit la défense avec chaleur, mais il ne put empêcher le casernement qui certainement a nui et a dénaturé l'École. Jamais il n'y eut plus d'assiduité, plus de travail, de discipline parmi les élèves que dans les huit premières années de son existence. Sur cette question je citerai l'opinion de deux anciens élèves qui marquent dans les sciences théoriques et pratiques. Monge a dit à M. Vallée : « *Après* » *ma mort l'École sera supprimée.* » M. Vallée voyait dans ces paroles, empreintes d'une tristesse profonde, un blâme contre l'Empereur et la preuve qu'il voulut supprimer une École nationale éga-

lement utile à la France et à la civilisation en général. M. Olivier ne partage pas cet avis. « L'Em-
» pereur, dit-il (dans une lettre qu'il m'a écrite
» quand je lui ai communiqué mon manuscrit),
» n'a jamais eu l'intention de détruire l'École poly-
» technique. Mais voyant que la jeunesse de cette
» École était turbulente et assez souvent indisci-
» plinée, il la caserna ; puis il songea à la transpor-
» ter hors de Paris, pour l'enlever aux séductions
» de la capitale. »

M. Olivier interprète donc autrement les mots de
Monge ; celui-ci craignait un changement dans le programme d'enseignement. Voici la lettre de M. Olivier : je crois devoir la citer par extrait :

« Monsieur et collègue,

» J'ai lu avec le plus vif plaisir votre manuscrit ;
j'y ai trouvé des particularités qui m'étaient inconnues ; tout ce qui se rattache à la vie de Monge est
d'un si grand intérêt pour ceux qui l'ont connu !...

» Monge voulait conserver à l'École polytechnique son *caractère*, celui d'école destinée à for-
mer des élèves pour les divers services publics ; en
un mot il voulait une école d'élèves-ingénieurs et
non d'élèves professeurs de mathématiques...

» Vous vous le rappelez, il y avait, dès la fon-

dation de l'École centrale des travaux publics,
des cours élémentaires :

» 1° de construction (ponts, routes et canaux);

» 2° de docimasie et hauts fourneaux (exploita-
tion des mines);

» 3° de tracé des bâtiments de la marine (vaisseaux);

» 4° de fortification passagère et permanente
(art militaire);

» 5° de topographie (lever des plans et dessin
des cartes);

» 6° d'architecture (bâtiments civils).

» Dans tous ces cours la géométrie descriptive
était employée comme *outil* indispensable.

» Ce n'était point sans y avoir bien réfléchi que
Monge organisa le programme de l'enseignement
de l'École polytechnique. Il voulait que tous les
ingénieurs des divers services publics parlassent la
même langue, et il obtenait ce résultat par l'enseignement en commun,

» 1° de la géométrie de l'espace (géométrie descriptive et analyse appliquée);

» 2° de la mécanique;

» 3° de la physique et de la chimie.

» Mais il voulait, de plus, que tous les ingénieurs
ne fissent qu'une seule et même famille, voulant
détruire les âpres contacts de service à service.

» Et c'est pour obtenir ce résultat qu'on dut enseigner à l'École polytechnique les éléments des
divers services publics.

» Par cet enseignement, tous les ingénieurs
pouvaient s'entendre et se comprendre, l'enseignement des détails spéciaux, et si nombreux, de
chaque service, étant réservé aux cours faits dans
chacune des Écoles d'application, par des ingénieurs d'une pratique éprouvée.

» Par l'enseignement ainsi reçu à l'École polytechnique, chaque élève à la sortie de cette école
pouvait, en toute connaissance des choses, choisir
le service public qui lui agréait le plus, celui pour
lequel il se sentait le plus de vocation .. »

L'*Histoire de l'École polytechnique*, par M. A.
Fourcy, bibliothécaire de l'École, dispense de donner beaucoup de détails sur l'époque primitive de
l'institution ; je me bornerai ici à peu de mots au
sujet des élèves. Parmi les vingt-cinq chefs de brigade dont il a été question ci-dessus, page 11, je ne
citerai que les six encore vivants en 1844, MM. Biot,
Francœur, Lahure, Cavenne, Durivau, Fayolle,
qu'il suffit de nommer, et quelques autres décédés,
comme Malus et Lancret, qui se sont distingués
dans les sciences physiques et mathématiques, tous
deux de l'expédition d'Égypte; Saint-Genis, qui
était avec eux à l'expédition; Brisson, si aimé de

Monge; Patural et Lamandé, anciens élèves avec moi de l'École des ponts et chaussées, etc.

L'École a procuré quarante-quatre ingénieurs ou élèves ingénieurs à l'expédition d'Égypte, et, de plus, elle lui a fourni ses illustres professeurs Berthollet, Monge et Fourier, l'examinateur de l'École L. Costaz, et l'inspecteur des études Lepère aîné, celui qui a rédigé avec les ingénieurs de l'armée le grand mémoire sur le canal de Suez. L'expédition comptait encore sept ingénieurs militaires ou des mines, qui avaient été appelés, dès l'origine de l'École, à suivre les cours. Citons d'abord parmi eux ceux qui depuis furent maréchaux : Bertrand, Marmont, Dode de la Brunerie; puis Say et Deponthon, du génie; de Rozière, des mines, et enfin M. Cordier, de l'Académie des sciences, encore vivant : en tout cinquante-six personnes, qui ont rendu des services plus ou moins grands à l'aventureuse entreprise des bords du Nil; vingt et une parmi elles ont contribué à la rédaction de la *Description de l'Égypte*, et plusieurs ont péri sur les bords du Nil d'une manière tragique.

II° Note sur l'expédition d'Égypte.

Il a été écrit tant de conjectures sur l'origine et les causes de l'expédition d'Égypte qu'il semblerait inutile de revenir sur un sujet presque rebattu ; cependant, les historiens de cette phase de la révolution n'ont pas toujours remonté aux sources, et il reste encore, par leur faute, de l'incertitude dans les esprits. Quant à l'opinion que j'ai embrassée, et que j'ai exposée dans plusieurs écrits , elle me paraît de plus en plus confirmée par une étude attentive, et des documents, et des faits ; en résumé, elle consiste à établir que l'idée de l'expédition est venue d'abord au gouvernement de cette époque, représenté par le Directoire exécutif et par le ministre des relations extérieures, M. de Talley-rand. Non pas qu'ils aient eu eux-mêmes la pensée première d'envoyer une armée française aux bords du Nil ; mais, parce qu'ils ont mis en œuvre des matériaux réunis depuis longtemps aux archives diplomatiques, même dès le règne de Louis XIV. Personne n'ignore que Leibnitz proposa l'occupation de l'Égypte au Grand Roi. Le mémoire qu'il adressa à Louis XIV est intitulé *Consilium Ægyp-*

tiacum; on ne possède pas l'original, mais un exemplaire qui en existait dans la bibliothèque de Hanovre fut envoyée en 1802, le 20 juillet, au général Bonaparte, par le général Mortier; celui-ci le confia à Monge, qui le déposa à l'Institut en 1815. Mangourit, ancien commissaire français à Hanovre, y avait copié de son côté un extrait de ce manuscrit et l'avait publié dans le récit de son voyage dans ce pays (1).

Cette pensée venait en quelque sorte de renaître en 1797 à la suite des plaintes réitérées, et même des démarches du consul français au Caire, Magallon; peut-être aussi la velléité d'écarter momentanément le général Bonaparte du théâtre

---

(1) *Voyage en Hanovre fait dans les années* 1803 et 1804 ; Paris, 1805, in-8°. Je m'abstiens à dessein d'autres détails inutiles à mon sujet; Leibnitz voulait que le roi de France fît occuper l'Égypte afin d'enlever à ses ennemis le commerce de l'Inde et de les frapper dans la source de leur puissance. Il n'est point vrai que le mémoire du grand philosophe ait été le point de départ de l'expédition de 1798; il n'en a été question qu'après l'issue, et après la découverte qu'on en fit en quelque sorte dans la bibliothèque de Hanovre. — Voyez, outre l'ouvrage de Mangourit, celui de M. de Hoffmanns : *Mémoire de Leibnitz à Louis XIV*, 1840; celui du docteur Guhraner, *Mémoire sur le projet d'expédition en Égypte* (Mémoires de l'Académie des sciences morales et politiques : savants étrangers, 1841), et la traduction française du mémoire de Leibnitz, par M. Vallet de Viriville, sous ce titre : *Mémoire sur la conquête de l'Égypte, etc.* (Revue indépendante, 1842).

de la politique vint corroborer les idées du Directoire : le vainqueur de l'Angleterre à Toulon,
et de l'Autriche en Italie, pouvait inquiéter un
gouvernement mal assis et qui n'avait vécu que
par ses victoires. La pensée première de l'expédition
n'appartient pas non plus au général Bonaparte ;
mais il se l'est appropriée ; le plan d'exécution, surtout, a été élaboré en grande partie par lui-même,
et c'est à cause de la part qu'il a prise à ce plan
que certains écrivains ont été induits en erreur. Le
fait est que deux intérêts opposés se trouvaient con-
ciliés par ce projet ; le gouvernement éloignait ses
craintes en éloignant le général, et celui-ci courait
volontiers à un nouveau champ de gloire. Quant à
l'exécution des préparatifs, elle lui appartient à
peu près tout entière ; c'est ce que prouve la lettre
suivante que lui adressait, le 5 mars 1798, le Directoire Exécutif ; je ne puis me dispenser de la
citer ici : « Vous trouverez ci-jointes, citoyen gé-
» néral, les expéditions des arrêtés pris par le Di-
» rectoire exécutif pour remplir promptement le
» grand objet de l'armement de la Méditerranée.
» Vous êtes chargé en chef de leur exécution ; vous
» voudrez bien prendre les moyens les plus sûrs et
» les plus prompts. Les ministres de la guerre, de
» la marine et des finances sont prévenus de se
» conformer aux instructions que vous leur trans-

» mettrez sur ce point important, dont votre pa-
» triotisme a le secret, et dont le Directoire ne pou-
» vait mieux confier le succès qu'à votre génie et à
» votre amour pour la vraie gloire. »

Je ne pourrais ici traiter la question entière de
l'origine de l'expédition avec les développements
qu'elle comporte ; seulement, je ferai remarquer
certaines circonstances qu'on n'a pas fait entrer
dans son examen. En 1796, la Turquie résolut d'envoyer un ambassadeur à Paris (1), sur la demande,
sans doute, de M. de Verninac, qui était alors notre
ministre à Constantinople. Les témoins de cette
époque peuvent se souvenir de l'arrivée de l'ambassadeur ottoman et du grand accueil qu'il reçut
du gouvernement français. Des ouvertures furent-
elles faites par le ministre des relations extérieures
à Méhémed-Effendi, pour engager la Porte à sévir
contre les beys qui accablaient de vexations le commerce français ? L'envoyé turc refusa-t-il de donner
satisfaction ? ou bien, au contraire, connaissant la
faiblesse du gouvernement turc et son défaut de ressources, n'osa-t-il pas promettre à la France l'appui
qu'on nous devait, c'est-à-dire le châtiment des
beys d'Égypte, et donna-t-il au moins un acquies-
cement tacite à une action directe de la France ? On

(1) *Moniteur universel*, an V, p. 64.

l'ignore, et probablement ces points resteront toujours ignorés. Toutefois, la dernière supposition ne
manque point d'une certaine vraisemblance ; en effet, le Directoire, en décidant l'expédition, décida
en même temps que notre ministre des affaires
étrangères se rendrait de sa personne auprès de la
Porte Ottomane, et ferait comprendre que l'expédition française n'avait pas de vues hostiles contre
la Porte ; qu'on voulait, dans son intérêt, mettre un
terme à l'audace des mamlouks, faire cesser leur
état de rébellion et protéger notre commerce.
Malheureusement, cette résolution ne fut pas exé-
cutée, l'ambassade n'eut pas lieu : M. de Talleyrand
n'alla pas à Constantinople. Aussi les ennemis de
la France eurent beau jeu pour prévenir tout accord entre elle et la Turquie. Ce grand projet d'at-
teindre les Anglais dans leurs possessions de l'Inde
par l'occupation de l'Égypte fut paralysé dès le
principe (1). L'Angleterre, plus habile, ou plus
heureuse, avait mis les mamlouks dans ses intérêts ; de là les avanies qu'on imposait aux négociants
français. Ainsi, malgré l'espoir raisonnable qu'on
pouvait concevoir que l'expédition serait tolérée,

(1) On a cité deux lettres écrites par Bonaparte dans sa
jeunesse, lettres où il demandait à faire partie d'une expédition qui irait opérer dans l'Inde, sur les côtes de Coromandel.

la Porte la désapprouva dès l'origine ; aussitôt la prise de Malte, le Divan tint conseil et se prononça en sens contraire à nos vues (1). Ce qui est à remarquer, c'est que l'opinion, en France même, n'était pas très-favorable à l'entreprise : le Directoire jugea nécessaire d'adresser un message au Corps législatif sur les motifs de l'expédition (2), mais sans beaucoup de succès ; les intrigues anglo-russes firent le reste (3).

On sait quelle estime profonde avait pour Desaix le général Bonaparte, en retour d'une vive amitié. Dès l'année 1797, Desaix entrevoyait les grands desseins du général de l'armée d'Italie, et demandait à s'associer à lui sur un autre théâtre que l'armée du Rhin. C'est sans doute sur la demande du général Bonaparte, que le directoire consentit au vœu du général Desaix. Celui-ci quitte Offenbourg, part pour Rennes (personne n'ignore que l'armée nouvellement organisée s'appelait *armée d'Angleterre*), arrive à Paris, écrit à Kléber de se rendre à Cherbourg et, à son retour de Rennes, est envoyé en Italie ; enfin, il part avec Monge, le 26 mai 1798, de Civita-Vecchia, avec la division navale qu'on avait armée dans ce port pour

(1) *Moniteur*, an VI, p. 339.
(2) *Ibid*, p. 360.
(3) *Moniteur*, an VII, p. 8, 84, 184, etc.

rallier la flotte partie de Toulon sept jours auparavant. La jonction faite, la flotte comptait trente-trois bâtiments de guerre, et, à la tête d'une armée d'élite, d'hommes aguerris et capables des plus grands efforts, façonnés aux plus rudes fatigues, exaltés enfin par de récents triomphes, une multitude de généraux du premier ordre, comme Kléber et Desaix, comme Reynier, Caffarelli, Dommartin, Davoust, Marmont, Lannes, Murat, etc. On peut citer encore Menou, sinon pour son talent de général, du moins pour son courage ; ce fut lui qui descendit le premier sur la plage d'Alexandrie, et qui reçut la première blessure : c'était le 1er juillet 1798, à neuf heures du soir, que la descente eut lieu.

Le retour de Volney d'Amérique coïncide à peu près avec une mesure dont il fut question, au corps législatif, en l'an VII (1799), savoir, un décret pour l'évacuation de l'Égypte (1) ; telle était la récompense que l'on réservait à l'armée qui avait rendu de signalés services, et qui avait été déclarée, par un décret précédent, avoir bien mérité de la patrie. — Volney connaissait bien l'Égypte ; son livre faisait autorité ; rien ne contraste plus avec la mesure dont j'ai parlé, que le

(1) Je n'ai pas trouvé ce décret mentionné au *Moniteur*.

langage de Volney à cette époque. Il félicitait
l'Égypte d'être délivrée, non pas seulement des beys
et des mamlouks, mais des *barbares osmanlis* (1).
Il approuvait l'expédition, et en faisait augurer
d'heureux résultats sous toutes sortes de rapports.

Mais je reviens à l'expédition elle-même et à
Monge. On a vu plus haut que Monge et Berthollet durent remonter le Nil au lieu de suivre la
longue et pénible marche de l'armée à travers les
sables du désert, à partir d'Alexandrie. Ils étaient
embarqués sur la flottille qui naviguait entre deux
feux, ceux de la rive droite du Nil et ceux de la
rive gauche. Les Arabes, surtout, l'attaquaient
sans relâche. De plus, les eaux étaient encore
très-basses à cette époque, et les barques s'engra-
vaient à chaque instant, tellement que la situation
des deux savants était des plus critiques : mais ils
allaient bientôt courir d'autres périls. — Un officier
du génie du plus grand mérite, le lieutenant général Dode de la Brunerie, qui fit partie de l'expédition, me disait un jour : « Si le départ de l'expédition eût été retardée de quinze jours ou trois semaines, le Nil aurait été navigable ; la flottille du
commandant Perrée aurait accompagné et secondé
l'armée ; elle n'aurait pas péri, comme cela lui est

(1) Voy. *Courrier d'Égypte*, n° 33.

arrivé vers l'époque de la bataille des Pyramides. »
Mais qui peut assurer qu'alors la flotte anglaise
n'aurait pas fermé le chemin à l'expédition? Si l'on
objecte qu'il fallait attendre à Alexandrie la crue
du Nil, je répondrai que l'armée ennemie se serait fortifiée de manière à rendre impossible la
traversée du désert et la prise du Caire. On ne
peut donc blâmer le général en chef, ni d'avoir
hâté le départ de Toulon, ni d'avoir marché en
avant aussitôt la prise d'Alexandrie. Le départ de
la flotte n'avait déjà été que trop retardé par
l'affaire du général Bernadotte, alors notre ambassadeur à Vienne.

On connaît tout ce qui s'est passé en Égypte,
entre l'occupation du Caire et l'expédition de
Syrie, les mesures d'administration et de gouvernement prises par le général en chef, les établissements scientifiques, économiques, industriels,
fondés à cette époque, tendant tous à un même
but, la civilisation de l'Égypte, sinon sa colonisation. Il semble que ce puissant génie, né adminis-
trateur autant qu'homme de guerre, faisait là un
apprentissage du gouvernement; le registre des
ordres du jour dépose de son activité incessante,
de ses soins vigilants pour le bien-être de l'armée,
de son ardeur infatigable pour le travail et de sa
prévoyance de tous les instants. Sévère, mais

juste, il tenait constamment en haleine les hommes de tout rang et quiconque avait un pouvoir à
exercer ; mais il était toujours prêt à récompenser
le zèle et les efforts qui dépassaient le devoir. Ré-
primant la négligence, inflexible pour l'improbité,
il savait relever le mérite du dévouement.

Personne n'ignore quels ressorts fit jouer l'Angleterre pour décider la Porte à attaquer l'armée
française ; comment on vint à bout de rassembler
en Syrie une armée nombreuse qu'appuyait la
coopération d'une division navale anglaise ; comment le général en chef fut contraint de prendre
les devants et d'aller faire le siége de Saint-Jean-
d'Acre. La flotte anglaise fournissait aux Turcs des
secours de tout genre, et empêchait en même
temps les bâtiments français de fournir les muni-
tions dont l'armée avait besoin pour l'attaque des
villes fortifiées : c'était le triste résultat du désastre
d'Aboukir. Les conséquences de la prise de cette
place eussent été immenses et d'une portée incal-
culable, et il a tenu à peu que Saint-Jean d'Acre
tombât en notre pouvoir.

J'ai raconté ailleurs le retour de l'armée de Syrie ; l'entrée du général français au Caire ressem-
blait plutôt à une pompe triomphale qu'à l'hum-
ble marche d'une armée en retraite ; les soldats
avaient des palmes sur leurs casques, l'air retentis-

sait des sons d'une musique martiale ; le divan et
les principaux du Caire, en habits de fête, et la
population presque entière de la ville venue à la
rencontre, formaient à l'armée un brillant cortége
Il est vrai que, si Saint-Jean-d'Acre avait résisté à
nos efforts, l'armée turque avait été anéantie dans
plusieurs combats ; les victoires de Nazareth et du
Mont-Thabor, méritaient ces ovations.

C'est le **26** prairial qu'eut lieu ce retour. Le général en chef reprit bientôt le cours de ses travaux
interrompus ; il aurait, à cette époque, fondé en
Égypte des institutions durables, s'il n'eût pas été
détourné par deux événements de nature grave :
l'un, le débarquement d'une nouvelle armée turque à
Aboukir, qui fut vaincue en un moment, le **7** thermidor (le **25** juill.) ; l'autre, la perte imminente de toutes
nos conquêtes en Italie. On a remarqué dans le temps
l'irritation contre les Osmanlis qui signale l'ordre du
jour du **12** messidor, postérieur de seize jours au
retour de Syrie ; le général avait vu avec étonnement,
avec peine la Porte, oubliant ses vrais intérêts,
s'abandonner aux suggestions des ennemis de la
France, épuiser le reste de ses ressources dans des
expéditions malheureuses, et croyant pouvoir se
mesurer avec les premières troupes du monde.
C'est alors qu'il dicta cet ordre du jour, pièce peu
connue, et que, par cette raison, je vais rapporter :

« Au quartier général du Kaire, 12 messidor an VII.

» Les commandants des provinces instruiront les différents divans que l'assemblée des ulémas a nommé pour qâdy le cheikh el A'rychy ; que l'intention du général en chef est que tous les qâdys des provinces se rendront au Kaire pour obtenir de lui l'investiture. Les commandants des provinces feront sentir dans toutes les circonstances, aux principaux du pays, qu'il est temps enfin que le gouvernement des Osmanlys finisse, gouvernement qui a été plus tyrannique pour eux que celui des mamlouks mêmes, et qu'il est contre l'esprit du Koran que des Osmanlys et des gens de Constantinople viennent administrer la justice à un peuple dont ils n'entendent pas la langue ; que ce n'est que trois ou quatre siècles après la mort du prophète que Constantinople a été musulman ; que si le prophète venait sur la terre, ce ne serait pas à Constantinople qu'il établirait sa demeure, mais dans la ville sainte du Kaire, sur les bords du Nil ; que le chef de la religion musulmane est notre ami le chéryf de la Mekke, tout comme la véritable science existe dans l'assemblée des ulémas du Kaire, sans contredit les plus savants de tout l'empire, et que l'intention du général en chef est que tous les qâdys soient natifs d'Égypte, à moins qu'ils ne le soient des saintes villes de la Mekke et de Médine. »

Dans cette pièce remarquable, qui ne manque pas d'ailleurs d'un fond de vérité avec un peu d'exagération, il perce un ton d'humeur et d'âpreté qui s'explique par la faiblesse qu'eut le divan de céder aux conseils intéressés des agents anglais, et le désapointement que le général français devait en éprouver. Si la Porte (chose peu probable, la suite l'a prouvé deux fois) (1) eût dû reconquérir par là sur l'Égypte l'autorité qu'elle avait perdue, cette conduite eût trouvé grâce aux yeux de la saine politique ; mais la Porte abandonnait sans motif sérieux son plus ancien allié ; c'était une lourde faute ; peu de jours étaient écoulés après la campagne de Syrie qu'elle recevait une rude leçon sur la plage d'Aboukir ; une immense armée turque, à la solde de l'Angleterre, était anéantie, et succombait sous les coups d'une poignée d'hommes.

Je ne puis omettre dans cet article sur l'*expédition d'Égypte*, la part que prit Monge aux voyages

____

(1) La demi-indépendance qu'a gagnée l'Égypte sous Mohammed-Aly, et, aujourd'hui, l'influence que l'Angleterre exerce sur ce pays, qui aurait pu s'élever à une prospérité nouïe et même à de hautes destinées.

du général en chef et aux dernières circonstances de son séjour en Égypte ; il me faut donc revenir un peu en arrière. L'Indien expédié de Seringapatnam par Tippoo Saïb, en octobre 1798, s'arrêta à Djedda, où il fut pillé et perdit la dépêche dont il était porteur pour le général en chef ; cette dépêche était une réponse à l'ouverture que celui-ci avait faite au prince indien sur le conseil de Monge ; toutefois l'envoyé fit connaître que l'on était enchanté, dans l'Inde, de l'occupation de l'Égypte par une armée française. Il assurait aussi que Tipoo Saïb avait une armée nombreuse en infanterie et en cavalerie ; il en portait le chiffre (évidemment exagéré) à trois cent mille hommes ; mais en le réduisant à moitié, il est à peu près certain qu'avec le secours d'une armée française, par exemple une division de l'armée d'Orient, le monarque indien eût résisté à son puissant ennemi. Or ce fait eût pu se réaliser, si Saint-Jean d'Acre se fût rendu, et si une division navale eût secondé ce mouvement. Mais plus de quatre mois employés en pure perte à la campagne de Syrie ont consumé un temps précieux. La destinée de l'Inde était de périr, et l'étoile de la Grande Bretagne devait encore une fois triompher.

Le 24 décembre, le général Bonaparte résolut de se porter sur la mer rouge et de visiter le port de

Suez. Monge était de la partie avec Berthollet, Costaz et trois autres membres de l'Institut du Caire. Monge conseilla de visiter les fontaines de Moyse ; il se livra pour son compte, à l'observation du phénomène qu'elles présentent et en donna sur-le-champ l'explication. Une découverte plus importante à faire était celle du canal qui jadis a fait communiquer les deux mers, ou au moins de ses vestiges : ce point a été obtenu. Le général fut le premier qui découvrit les traces de l'antique communication du Nil avec la mer rouge. Aussitôt il appela Monge, et s'écria comme je l'ai dit ailleurs : *Monge, Monge, nous sommes en plein canal!* On marcha quatre heures dans le canal des deux mers (1). La reconnaissance du canal entier devenait désormais facile ; c'est ce que firent peu après les ingénieurs des ponts et chaussées.

L'expédition de Syrie était déjà résolue par les motifs que j'ai exposés plus haut, quand un navire du commerce amena à Alexandrie un Français, M. Hamelin, muni de lettres datées d'Ancône le 1er novembre, parti de Trieste le 24 octobre et

---

(1) Cette promenade militaire et savante présentait une autre singularité ; c'est qu'un carrosse à six chevaux traversa le désert de Suez pour la première fois ; non pas que le général ni personne usât de cette voiture ; tous firent l'excursion à cheval.

arrivé en Égypte le 26 janvier 1799. Par une lettre du même jour, le général Marmont commandant à Alexandrie en donna avis au général en chef, qui retarda son départ pour la Syrie afin d'entendre M. Hamelin, arrivé avec M. Livron. Voici la lettre qu'écrivit à cette occasion le général en chef au directoire. On la jugera sans doute assez importante pour l'histoire de cette époque, et digne d'être imprimée, d'autant plus qu'elle n'a pas, que je sache, été jamais publiée.

BONAPARTE AU DIRECTOIRE EXÉCUTIF.

« Le 22 pluviôse an VII (10 février 1799).

» Un bateau ragusais est entré le 7 pluviôse dans le port d'Alexandrie. Il avait à bord les citoyens Hamelin et Livron, propriétaires du chargement, consistant en vin, vinaigre, draps, eaux-de-vie, etc. Il m'a apporté une lettre d'Ancône, du consul, en date du 11 brumaire (1er novembre).

» Le citoyen Hamelin est parti de Trieste le 24 octobre, a relâché à Ancône le 3 novembre et est arrivé à *Navarino* en Morée d'où il est parti le 28 nivôse. J'ai interrogé moi-même le citoyen Hamelin, et il a déposé les faits ci-joints. Ces nouvelles sont assez contradictoires. Depuis le 6 juillet, je n'ai pas reçu de nouvelles d'Europe. Le 1ᵉʳ novembre, mon frère est parti sur un aviso ; je lui avais donné l'ordre de se rendre à Crotone ou dans le golfe de Tarente. J'imagine qu'il y est arrivé. L'ordonnateur Sucy est parti le 26 frimaire (16 décembre). Je vous ai expédié *plus de soixante bâtiments* de toutes les nations et par toutes les voies. Ibrahim-Pacha, Abd-Allah-Pacha et d'autres Pachas sont à Gaza et menacent l'Égypte d'une invasion : *Je pars dans une heure* pour aller les trouver. Il faut passer neuf jours de désert, sans eau, ni herbes. Quand vous lirez cette lettre, il serait possible que je fusse sur les ruines de la ville de Salomon J'ai, dans l'opération que j'entreprends, trois buts : 1° Assurer la conquête de l'Égypte en construisant une place forte au delà du désert, et dès lors éloigner tellement les armées de quelque nation que ce soit de l'Égypte, qu'elles ne puissent rien combiner avec une armée européenne qui viendrait débarquer sur les côtes. 2° Obliger la Porte à s'expliquer, et, par là, *appuyer les négociations que vous avez sans doute entamées* et l'envoi que je fais à Constantinople sur la caravelle turque du consul Beauchamp. 3° Enfin, ôter à la croisière anglaise les subsistances qu'elle tire de la Syrie, en employant les deux mois d'hiver qui me restent à me rendre, par la guerre et par des négociations, toute cette côte amie. *Je me fais accompagner dans cette course du mollah* qui est, après le muphti de Constantinople, l'homme le plus révéré de l'Empire musulman; des cheicks des quatre principales sectes de l'émir Hadj ou Prince des Pèlerins. Si, dans le courant de mars, le rapport du citoyen Hamelin se confirme, et que la France soit en armes contre les rois, *je passerai en France.* »

Voici maintenant le résumé des principales questions faites à **M.** Hamelin et de ses réponses (1).

« *Demande.* Quand avez-vous appris pour la première fois que le roi de Naples avait déclaré la guerre à la France ?—*Réponse.* Je l'ai appris le **23** décembre d'un bâtiment ragusais qui venait de Civita-Vecchia à Navarino. Il m'a dit que la guerre avait été déclarée à la France vers la fin de novembre.

D. Que disait ce bâtiment ?—*R.* Que lorsqu'il était parti de Civita-Vecchia, les Napolitains y étaient; qu'ils étaient aussi à Rome qui avait été évacuée par les Français après un léger combat.

D. Avez-vous su la même nouvelle par d'autres voies ?— *R.* Je l'ai su par un bâtiment impérial

____

(1) J'omets plusieurs questions et réponses d'un moindre intérêt. Cette déposition était jointe à la dépêche du général en chef au directoire.

venant de Livourne ; il est arrivé à Navarino environ huit jours après le Ragusais.

D. Lorsque vous avez parlé à ce bâtiment, avait-il communiqué avec le Ragusais ? — *R*. J'ai été à bord du bâtiment impérial dès qu'il a eu mouillé et avant qu'il eût communiqué avec personne.

D. Depuis quand ce bâtiment manquait-il de Livourne ? — *R*. Depuis environ vingt-cinq jours.

D. Que vous a appris ce bâtiment ? — *R*. La même chose que le Ragusais, c'est-à-dire que les Napolitains étaient entrés à Civita-Vecchia et à Rome. Il a ajouté que différents rapports de bâtiments partis de Livourne, depuis lui, avaient appris que les Anglais avaient porté à Livourne un corps de Napolitains qui s'étaient emparés de cette ville.

D. Depuis quand ce bâtiment était-il parti de Trieste ? — *R*. Aux environs du 1er nivôse.

D. Qui vous a dit que Passavan-Oglou était à Andrinople ? — *R*. Le bey de Navarino et un capitaine de bombarde russe qui, détaché de l'armée de Corfou, allait dans l'archipel, ainsi que du consul impérial de Corfou.

D. Que savez-vous de Corfou ? — *R*. Après avoir passé à une lieue et demie de Corfou et avoir vu un grand nombre de bâtiments, surtout à la passe du sud, nous avons eu des nouvelles plus précises par le capitaine de bombarde russe dont j'ai parlé plus haut. Il me dit que les flottes turques et russes montaient à soixante-deux voiles, parmi lesquelles il y avait huit vaisseaux dont six russes. Le reste était composé d'assez mauvaises embarcations. Ils avaient en général peu de troupes de débarquement. Ils avaient fait quelques tentatives toujours malheureuses sur un fort de la passe du sud. Le capitaine m'a fait voir ses ordres : ils étaient de l'ami al turc et visés par le comte Oczakow dont j'ai vu la signature.

D. Qu'est-ce qui vous prouvait que la Porte nous faisait la guerre? — *R.* Le blocus de Corfou, les relations du bey de Navarino qui nous l'a assuré et le dire de tous les bâtiments, sans exception, que j'ai rencontrés. »

On voit à la fois, dans la lettre adressée au directoire, et la confirmation des motifs qui avaient décidé le général à l'expédition de Syrie, et le premier symptôme de la résolution d'abandonner l'Égypte pour le théâtre de la guerre en Europe, au moins momentanément. L'échec éprouvé a Saint-Jean-d'Acre ne dut que trop le pousser à exécuter un projet encore vague dans son esprit. On sent que les revers de nos armes en Italie étaient plus sensibles pour lui que pour personne. S'est-il ouvert à cet égard avec Monge dès ce moment, ou est-ce seulement au retour de l'expédition ? On ne saurait le dire ; mais l'amitié qui unissait ces deux hommes permet de penser que le général avait peu de secrets pour le savant.

Au moment où le général en chef partait pour la Syrie (on a vu que c'était le **22** pluviôse, **10** février **1799**), c'est-à-dire le *jour même* où il avait interrogé M. Hamelin, il connaissait tous les préparatifs de l'invasion turque, décidée par les manœuvres et avec le secours de l'Angleterre, et puissamment aidée par les menées du fameux Djezzar, pacha d'Acre (¹). De son côté, celui-ci paraissait craindre d'être prévenu, et faisait fortifier Saint-Jean-d'Acre, où il avait réuni **4,000** hommes, et où l'on attendait un corps d'armée commandé par Abd-Allah-Pacha. Les beys d'Égypte, réfugiés en Syrie avec Ibrahim, étaient au nombre de huit, avec leurs mamlouks, tous campés près de Gaza, ainsi que des Moghrebins en nombre. Une armée turque et arabe, infanterie et cavalerie, avait été organisée par Djezzar ; des approvisionnements de guerre et de bouche étaient déjà envoyés à Gaza et à El-Arych. Djezzar, dans une proclamation adressée aux Arabes

---

(1) On sait que cet homme, appelé Ahmed et né en Bosnie, avait acquis le nom de Djezzar (boucher) par des actes d'une horrible cruauté, et que lui-même aimait à être appelé de ce nom.

et aux mamlouks, leur apprenait que, dès le
8 châban 1213 (1798), le sultan l'avait nommé
pacha du Caire, de Damas , etc. Il n'était plus possible d'attendre un instant de plus pour prévenir
l'attaque de l'ennemi et porter la guerre chez lui.

Pendant ce temps, toute l'Europe , et la France
surtout, s'occupait de l'expédition d'Égypte, qui
était jugée diversement suivant les intérêts. Volney, écrivain distingué, célèbre par son voyage en
Égypte et en Syrie, était récemment arrivé des
États-Unis à Paris ; consulté sur l'avenir de l'expédition, il publia des réflexions qui, ainsi qu'on
pouvait s'y attendre , avaient de la portée. Dans
cet écrit cité plus haut, il loue exclusivement les
mesures prises par le général en chef et tous ses
actes d'administration , qu'il croit établis sur les
meilleurs principes « Le général en chef, dit-il ,
» rappelle aux Égyptiens la gloire de leurs an-
» cêtres ; il leur montre, dans l'armée française ,
» l'instrument miraculeux des décrets de la Pro-
» vidence qui veut ressusciter la puissance et
« l'empire des anciens Arabes et les délivrer du
» joug des barbares osmanlis, épurer la loi du
» prophète , altérée par des ignorants et des im-
» pies... » Volney écarte toute idée d'attaquer dans
l'Inde la puissance anglaise ; puis il fait parler en
ces termes le général Bonaparte lui-même : « Lais-

» sons à Azaman-Check et à Tippoo le soin de chasser
» les Anglais de l'Inde : Azaman-Check le peut (à
» lui seul) avec ses 120,000 cavaliers... C'est vers
» l'Europe qu'il faut ramener le théâtre de la
» guerre, et puisque le Turc imprudent en a levé
» l'étendard, c'est dans Constantinople que je veux
» l'arracher de ses mains. » Ce suffrage de Volney,
accordé au vainqueur de l'Italie et de l'Égypte, contraste fort avec l'opposition que rencontrait l'expédition d'Égypte chez beaucoup d'esprits chagrins et
jaloux ; aucune gloire en effet ne pouvait lutter avec
la gloire acquise aussi loin du pays, sur une terre
classique, le berceau des sciences ; nulle part, la
France ne pouvait rechercher un théâtre plus brillant, un avenir plus prospère pour son commerce :
raison de plus pour exciter l'envie de ceux qui,
restés en Europe, ne pouvaient y concourir. Di-
sons, à la louange du gouvernement de cette
époque, qu'il avait bien compris cette entreprise,
cet avenir : heureux s'il eût tourné tous ses efforts,
employé tous les moyens pour renforcer l'armée et
réparer ses pertes ! Le message du Directoire au
conseil des Cinq-Cents, sur les causes de l'expédition et les premiers succès, mérite d'être cité.
C'est là qu'elle est montrée sous son vrai jour.
Aussi le Corps législatif, par un mouvement spon-
tané, décernant à l'armée d'Orient le nom d'armée

victorieuse, déclara-t-elle qu'elle avait bien mérité de la patrie.

Ici, je puise dans *le Courrier de l'Égypte*, n° 29, l'extrait suivant du message du Directoire :

« Après avoir fait la description de toutes les avanies et de toutes les vexations des beys et de leurs mamlouks contre les Français établis en Égypte sur la foi des traités avec la Porte ; après avoir prouvé la nécessité dans laquelle était la France de venger de tels attentats, d'autant plus que les efforts de la Porte pour protéger les Français en Égypte furent toujours insuffisants et sans énergie, que la Porte était réduite à ne pouvoir plus résister elle-même à la puissance des beys, qu'elle était obligée de souffrir que trois millions d'Égyptiens, qu'elle appelait ses sujets, fussent victimes d'une éternelle oppression ; que sa souveraineté en Égypte n'était plus qu'un vain nom... *Il ne nous restait donc plus,* continue le message du Directoire, qu'à nous faire justice nous-mêmes et avec nos armes, et à faire expier leurs crimes à ces vils usurpateurs, payés par le cabinet de Londres ; ils ne fouleront donc plus aux pieds cette terre féconde, qui rajeunit chaque année par une espèce de prodige, avec une végétation, pour ainsi dire, spontanée, et où croissent réunis les plus riches produits des quatre parties du monde. Il n'était pas nécessaire que nous fissions précéder cette expédition d'une déclaration de guerre. A qui devions-nous la faire? A la Porte Ottomane? Nous étions bien loin de vouloir attaquer cet ancien allié de la France, et de lui imputer une oppression, dont elle était elle-même la première victime. Au gouvernement isolé des beys? Leur autorité n'était ni ne pouvait être reconnue. On châtie la canaille, et on ne lui déclare pas la guerre. Enfin, en attaquant les beys d'Égypte, nous avons réellement attaqué l'Angleterre. La France avait donc plus de droits qu'il ne lui en fallait pour se mettre à même d'obtenir promptement les immenses réparations qui lui sont dues par les usurpateurs de l'Égypte. Mais elle ne veut pas avoir vaincu pour elle seule. L'Égypte était opprimée par des brigands; les Égyptiens seront vengés. Le cultivateur de cette fertile contrée jouira du produit de ses sueurs, qu'on lui ravissait avec la plus stupide barbarie. L'autorité de la Porte Ottomane n'y était point reconnue, et à présent, elle recueillera des mains des Français triomphants les immenses avantages dont elle était privée depuis si longtemps. Enfin, pour le bien du monde entier, l'Égypte deviendra le plus riche pays de l'univers par ses produits, le centre d'un immense commerce, et le fort le plus terrible contre l'odieuse puissance des Anglais dans l'Inde et contre leur commerce usurpateur. »

» Après les acclamations répétées de toute l'assemblée et les cris de *Vive la République*, le conseil a déclaré que *l'armée française a bien mérité de la patrie !* »

Ce glorieux suffrage ne parvint en Égypte que cinq jours avant le départ de l'expédition de Syrie, mais il ajouta beaucoup à l'enthousiasme de l'armée, et je me rappelle encore l'effet qu'il produisit sur l'esprit de Monge, de ses collègues et de nous tous.

Il existe une *proclamation* aux habitants du Caire, dictée en partie par le général en chef au retour de la campagne de Syrie, et en partie écrite de sa propre main : c'est un morceau d'éloquence militaire de trois pages in-folio, tracé avec la rapidité de l'éclair, et qu'on pourrait presque mettre à côté des meilleurs écrits de Napoléon. La composition offrait une difficulté toute particulière : ce n'est pas le général qui parle aux Égyptiens; c'est le divan lui-même, le divan qui est censé connaître les événements de la dernière expédition, et qui recommande aux habitants de toute classe, Arabes et Osmanlis, Coptes et Israélites, marchands et artisans, riches et pauvres, chefs et subalternes, de fermer l'oreille aux ennemis des Français, aux instigateurs de trouble et de révolte. Malheureusement, par suite de la rapidité des mouvements de la main, l'autographe renferme des mots illisibles, et le sens en souffre quelquefois. Je ne rapporterai point le texte de cette pièce, parce que la partie écrite de la main du général Bonaparte fait suite à un texte fort étendu qu'il avait sans doute dicté , et qu'on ne peut guère en séparer. Le général avait évidemment voulu compléter le manifeste censé émaner du divan par une péroraison plus vive et plus animée. Quand je montrai ce précieux autographe à Monge au retour de l'expédition , il en parut enthousiasmé; la pièce lui apprenait à lui-même des faits qu'il avait ignorés, étant relégué sous sa tente, au camp de Saint-Jean d'Acre, pendant sa cruelle maladie. Je ne citerai que la fin de ce morceau rapide : « Le général en chef, arrivé » devant Acre , a rasé les murs , le palais de Gezzar » et toute la ville. Il a battu en différentes batailles » tous les ennemis qui avaient voulu s'opposer à » ses projets; car il est comme l'épée de Dieu, in- » vincible. Après quoi, jugeant que depuis quatre » mois sa présence était désirée par les peuples » d'Égypte..., que plusieurs malintentionnés cher- » chaient à entraîner le pays dans des rébellions, » que les Arabes le pillaient, que les mamlouks....., » il est parti, est arrivé , a dissipé tous les orages , » et son retour les a fait repasser dans le désert (1). »

(1) Cette pièce diffère sensiblement de la proclamation publiée dans l'*Histoire de l'expédition des Français en Égypte*, par Nakoula el-Turk.

Denon arriva de la haute Égypte au Caire, vers le 15 août; il avait fait toute la campagne avec le général Desaix, toujours à l'avant-garde; il s'était en quelque sorte associé à la conquête du Saïd; il avait donc à raconter à ses collègues de l'Institut d'Égypte presque autant d'aventures de soldat que de découvertes d'artiste et d'antiquaire. Son enthousiasme était des plus exaltés, et se communiquait à nous tous sympathiquement, à Monge surtout si impressionnable, et chez qui cette disposition était innée. Denon avait rapporté des centaines de dessins des monuments; ses souvenirs étaient des plus animés et des plus variés; il ne tarissait pas sur la grandeur et la beauté des édifices de tout genre de la Thébaïde, des temples, des palais, des sanctuaires, des tombes royales; il avait fait sept voyages à Thèbes et dix à Denderah. On comprend aisément comment agissaient sur l'esprit de Monge de pareils récits; la vue du riche portefeuille de Denon ajoutait beaucoup à l'impression qu'il en éprouvait: quels regrets ne devait-il pas ressentir (sans qu'il lui fût possible de les exprimer), s'il savait déjà que le général en chef avait le dessein de partir pour la France et de l'emmener avec lui!

Ces regrets ont éclaté plus tard de la manière la plus vive dans la scène presque dramatique que j'ai racontée plus haut (p. 54 et suiv.): c'est à l'occasion du départ des deux commissions chargées par le général en chef d'explorer l'Égypte supérieure. Un ordre du jour du 27 thermidor an VII (14 août 1799) venait de créer ces commissions, placées sous la direction de L. Costaz, et de Fourier alors secrétaire perpétuel de l'Institut d'Égypte. Cette pièce étant presque le point de départ de l'étude et de la description des monuments de la Thébaïde, alors presque ignorés, aujourd'hui si connus (1), je crois devoir la rapporter ici.

« Bonaparte général en chef ordonne :

Art. 1er. Il sera formé deux commissions de membres de la commission des arts, composées ainsi qu'il suit :

II. La première commission, composée des citoyens Costaz, Nouet, Mechain, Coutelle, Coquebert, Savigny . Ripaut, Balzac, Corabœuf, Lenoir, Labatte, Lepeyre (Lepère) architecte, Saint-Genis, Viard.

III. La seconde commission, composée des citoyens Fourier, Parceval (Parseval Grandmaison), Villoteau, Delille, Geoffroy, Lepeyre (Lepère) in-

---

(1) Déjà les ingénieurs des ponts et chaussées Girard, Jollois, Devilliers et Duchanoy, l'ingénieur des mines Rozière, accompagnés du dessinateur Dutertre et du sculpteur Castex, etc., avaient dessiné ou étudié les antiquités de la haute Égypte.

génieur, Redouté, Lacipière, Chabrolle (Chabrol-Volvic), Arnollet, Vincent.

IV. La première commission partira pour se rendre dans la haute Égypte demain **28**, et visiter tous les monuments qui nous restent de l'antiquité.

La seconde commission partira le premier du mois de fructidor pour la haute Égypte.

V. Il sera fourni à l'une et à l'autre commission une barque armée avec une bonne garnison prise au dépôt de la **21**e demi-brigade. Le citoyen Costaz sera le commandant de la première commission, et le citoyen Fourier de la seconde. L'officier commandant l'escorte, et l'officier de marine commandant le bâtiment ne recevront des ordres que d'eux.

VI. Les commandants des commissions correspondront avec moi toutes les fois qu'ils auront visité des monuments qui leur auront fourni des observations ou descriptions nouvelles. »

Quelques changements sont intervenus au moment du départ. Parseval, de la commission Fourier, préféra partir pour la France; Cécile, Rouyer, Lancret et celui qui écrit ces *Souvenirs*, remplacèrent Parseval, Arnollet et Lepère, ingénieur.

Je passe les détails de ce départ imprévu, de ce grave incident: le lecteur peut se retracer sans peine quelle vive et profonde impression chacun a dû ressentir. Il restait encore cependant quelque incertitude et les paris s'engageaient comme je l'ai dit. On publiait au Caire, le 1er fructidor (18 août 1799), un ordre du jour annonçant l'arrivée du général en chef à Menouf, et, quatre jours après, l'ordre du jour daté de Menouf même prescrivait une enquête sur les causes du défaut d'inondation dans le Delta proprement dit, tandis que dans les provinces du Delta oriental, l'inondation était considérablement augmentée. L'ingénieur en chef Lepère était chargé de prendre toutes les informations et de remédier aux inconvénients signalés (1). Ces soins administratifs masquaient assez bien le futur départ, et en même temps, Menouf, plus rapproché d'Alexandrie, permettait d'avoir de plus fréquentes nouvelles des préparatifs d'embarquement; il est plus que probable que le contre-amiral Gantheaume, qui commandait les deux bâtiments en partance, envoyait tous les jours des couriers pour faire connaître l'état de la mer, et l'absence ou la présence de quelques bâtiments de

(1) Ce qui explique son absence dans la commission Fourier. Le général connut par plusieurs arrivages la confirmation des nouvelles d'Italie. Il les avait également connues pendant l'expédition de Syrie; des émissaires avaient communiqué avec la croisière anglaise; enfin il avait eu les papiers anglais et ceux de Francfort jusqu'au 18 juin.

la croisière anglaise (1). D'un autre côté, cet incident coïncidait avec une des plus grandes fêtes
du Caire, la coupure de la digue, puissant motif
de distraction ; c'était le **23** août que le canal
devait être ouvert et porter les eaux du Nil dans
l'intérieur de la ville. Mais, dès la veille, l'ordre
du jour, l'avant-dernier que le général Bonaparte
ait signé en Égypte, annonçait le départ ; le voile
tomba au Caire, mais alors les voyageurs partis pour
la haute Égypte étaient déjà bien loin de la capitale.

Voici cet ordre du jour :

BONAPARTE, GÉNÉRAL EN CHEF, A L'ARMÉE.

« Au quartier général, à Alexandrie, le 5 fructidor
an VII (2).

» Les nouvelles d'Europe m'ont décidé à partir
pour la France. Je laisse le commandement de
l'armée au général Kléber. L'armée aura bientôt de
mes nouvelles ; je ne puis en dire d'avantage. Il
me coûte de quitter les soldats auxquels je suis le

(1) La victoire d'Aboukir est du 7 thermidor an VII (25 juillet
1799 ; les bâtiments anglais étaient hors de vue de la côte).

(2) Cette pièce ne fut connue au Kaire que dix jours après
sa date.

plus attaché ; mais ce ne sera que momentanément, et le général que je leur laisse a la confiance du gouvernement et la mienne. »

L'ordre du jour cité plus haut étant daté de
Menouf, aussi le 5 fructidor, il paraît évident que
la proclamation à l'armée était préparée à Menouf
dès le 3 ou le 4, et que le général croyait arriver
plus tôt à Alexandrie. Quoi qu'il en soit, elle a été
imprimée à Alexandrie, et la date mise à la main.
Ce qu'il y a de plus singulier encore, c'est que le
dernier ordre du jour, signé par le général Bonaparte, est daté de *Menouf* et du six fructidor. Il
s'écoula six jours sans nouvelles d'Alexandrie ;
le 12 du mois seulement, le commandant du
Kaire disait dans l'ordre du jour de la place :
« Tout annonce que le général Bonaparte est parti
pour la France. » Enfin, le 14, son successeur le
général Kléber écrivit une proclamation à l'armée ;
en voici la première phrase : « Soldats, des motifs
impérieux ont déterminé le général en chef Bonaparte à passer en France, etc » Cette pièce est
connue ; la suivante l'est moins : c'est la lettre que
le général Bonaparte écrivit au divan du Kaire ;
chacun en sentira l'intérêt.

BONAPARTE, MEMBRE DE L'INSTITUT NATIONAL, GÉNÉRAL EN CHEF.

« Au quartier général d'Alexandrie, le 5 fruct. an VII.

» Au nom du Dieu clément et miséricordieux.

» Au divan du Kaire, choisi parmi les plus éclairés et les plus sages.

» Ayant été instruit que mon escadre était prête et qu'une armée formidable était embarquée dessus ; convaincu, comme je vous l'ai plusieurs fois dit, que tant que je ne frapperai pas un coup qui écrase à la fois tous mes ennemis, je ne pourrai jouir tranquillement et paisiblement de la possession de l'Égypte, la plus belle partie du monde, j'ai pris le parti d'aller me mettre à la tête de mon escadre, laissant le commandement, pendant mon absence, au général Kleber, homme d'un mérite distingué, et auquel j'ai recommandé d'avoir pour les u'lemas et les cheikhs la même amitié que moi. Faites ce qu'il vous sera possible pour que le peuple d'Égypte ait en lui la même confiance qu'il avait en moi, et qu'à mon retour, qui sera dans deux ou trois mois, je sois content du peuple d'Égypte, et que je n'aie que des louanges et des récompenses à donner aux cheikhs. »

Enfin, les *instructions*du général Bonaparte pour le général Kléber méritent d'être rappelées et même rapportées en entier, parce qu'elles sont propres à écarter des erreurs qui ont eu cours au sujet de la résolution prise par le général en chef.

Dès la première phrase, on en comprend toute la portée : elles sont datées comme les autres pièces, du 5 fructidor.

BONAPARTE, GÉNÉRAL EN CHEF, AU GÉNÉRAL KLÉBER.

« Alexandrie, 5 fructidor anVII.

» Vous trouverez ci-joint, citoyen général, un ordre pour prendre le commandement en chef de l'armée : la crainte que la croisière anglaise ne paraisse d'un moment à l'autre me fait précipiter mon voyage de deux ou trois jours.

» Je mène avec moi les généraux Berthier, Lasne, Murat, Andreossi, et Marmont, les citoyens Monge et Berthollet.

» Vous trouverez ci-joints les papiers anglais et de Francfort jusqu'au 10 juin : vous y verrez que nous

avons perdu l'Italie ; que Mantoue, Turin et Tor-
tone sont bloqués. J'ai lieu d'espérer que la première de ces places tiendra jusqu'à la fin de novembre : j'ai l'espérance, si la fortune me sourit,
d'arriver en Europe avant le commencement d'octobre.

» Vous trouverez ci-joint un chiffre pour correspondre avec le gouvernement et un ordre pour
correspondre avec moi.

» Je vous prie de faire partir dans le courant d'octobre Junot, ainsi que les effets que j'ai laissés au
Kaire, et mes domestiques. Cependant je ne trouverais pas mauvais que vous attachiez à votre service ceux qui vous conviendront.

» L'intention du gouvernement est que le général
Desaix parte pour l'Europe dans le courant de novembre, à moins d'événements majeurs.

» *La commission des arts passera en France sur
un parlementaire* que vous demanderez à cet effet,
conformément au cartel d'échange, *dans le courant
de novembre,* immédiatement après qu'ils auront
achevé leur mission ; ils sont en ce moment-ci
occupés à ce qui reste à faire, à visiter la haute
Égypte. Cependant ceux que vous jugerez vous être
utiles, vous les mettrez en réquisition sans difficulté.

» L'effendi, fait prisonnier à Aboukir, est parti

pour se rendre à Damiette ; je vous ai écrit de l'envoyer en Chypre ; il est porteur, pour le grand visir, de la lettre dont vous trouverez ci-joint la copie. L'arrivée de notre escadre de Brest à Toulon et l'escadre espagnole à Carthagène ne laissent aucune espèce de doute sur la possibilité de faire passer en Égypte les fusils, les sabres, les pistolets, fer coulé, dont vous avez besoin, et dont j'ai l'état le plus exact, une quantité de recrues suffisantes pour réparer les pertes de deux campagnes. Le gouvernement vous fera connaître alors lui-même ses intentions ; moi-même, comme homme public et comme particulier, je prendrai des mesures pour vous faire avoir fréquemment des nouvelles.

» Si par des événements incalculables toutes les tentatives étaient infructueuses, et qu'au mois de mai vous n'ayez reçu aucun secours ou nouvelles de France, et si cette année, malgré toutes les précautions, la peste était en Égypte et vous tuait plus de quinze cents hommes, perte considérable, puisqu'elle serait en sus de celle que les événements de la guerre vous occasionneraient journellement, je pense que vous ne devez pas vous hasarder à soutenir la campagne prochaine, et que vous êtes autorisé à conclure la paix avec la Porte Ottomane, quand même l'évacuation de l'Égypte devrait en être la condition principale. Il faudrait seulement éloigner l'exécution de cette condition, s'il était possible, jusqu'à la paix générale : vous savez apprécier aussi bien que personne, citoyen général, combien la possession de l'Égypte est importante à la France. L'empire turc, qui menace ruine de tous côtés, s'écroule aujourd'hui, et l'évacuation de l'Égypte par la France serait un malheur d'autant plus grand, que *nous verrions de nos jours cette belle province passer dans d'autres mains européennes.*

» Les nouvelles des succès ou des revers qu'aurait la République en Europe doivent aussi entrer puissamment dans vos calculs.

» Si la Porte répondait aux ouvertures de paix que je lui ai faites avant que vous n'eussiez reçu de mes nouvelles de France, vous devez déclarer que vous avez tous les pouvoirs que j'avais ; entamez la négociation, persistez toujours dans l'assertion que j'ai avancée, que l'intention de la France n'a jamais été d'enlever l'Égypte à la Porte ; demandez que la Porte sorte de la coalition et nous accorde le commerce de la mer Noire, qu'elle mette en liberté les Français prisonniers, et enfin six mois de suspension d'hostilités, afin que pendant ce temps-là l'échange des ratifications puisse avoir lieu.

» Supposons que les circonstances soient telles que vous croyiez devoir conclure ce traité avec

12

la Porte ; vous ferez sentir que vous ne pouvez pas le mettre à exécution qu'il ne soit ratifié , et selon l'usage de toutes les nations , l'intervalle entre la signature du traité et sa ratification doit toujours être une suspension d'hostilités.

» Vous connaissez, citoyen général, quelle est ma manière de voir sur la politique intérieure de l'Égypte : telle chose que vous fassiez, les chrétiens seront toujours nos amis ; il faut les empêcher d'être trop insolents , afin que les Turcs n'aient pas contre nous le même fanatisme que contre les chrétiens, ce qui nous les rendrait irréconciliables; il faut endormir le fanatisme en attendant qu'on puisse le déraciner ; en captivant l'opinion des grands cheykhs du Caire , on a l'opinion de toute l'Égypte et de tous les chefs que ce peuple peut avoir : il n'y en a aucun moins dangereux pour nous que les cheykhs, qui sont peureux , ne savent pas se battre , et qui, comme tous les prêtres , inspirent le fanatisme sans être fanatiques.

» Quant aux fortifications d'Alexandrie et d'El-Arich , voilà les deux clefs de l'Égypte. J'avais le projet de faire établir, cet hiver, des redoutes de palmiers ; deux depuis Saléhiéh à Catiéh , deux de Catiéh à El-Arich : une de ces dernières se serait trouvée à l'endroit où le général Menou a trouvé de l'eau potable.

» Le général de brigade Sanson, commandant le génie ; le général de brigade Songis, commandant l'artillerie de l'armée, vous mettront au fait chacun de ce qui regarde son arme.

» Le citoyen Poussielgue a été exclusivement chargé des finances ; je l'ai reconnu travailleur et homme de mérite : il commence à avoir quelques renseignements sur le chaos de l'administration de ce pays. J'avais le projet, si aucun événement ne survenait, de tâcher d'établir, cet hiver, un nouveau système d'impositions, et qui aurait permis à peu près de se passer des Coptes. Cependant, avant que de l'entreprendre, je vous conseille d'y réfléchir longtemps : il vaut mieux entreprendre cette opération un peu trop tard qu'un peu trop tôt.

» Des vaisseaux de guerre paraîtront indubitablement cet hiver à Alexandrie, ou à Bourlos, ou à Damiette ; faites construire une batterie ou une tour à Bourlos. Tâchez de réunir cinq ou six cents mamlouks, et lorsque les Français seront arrivés, vous ferez arrêter dans un jour, ou au Caire ou dans les autres provinces, et embarquer pour la France, au défaut de mamlouks, otages d'Arabes, des cheyks el beled, qui par une raison quelconque seraient arrêtés et pourraient y suppléer ; ces individus arrivés en France y seraient retenus un ou deux ans, y verraient la grandeur de la nation, prendraient une idée de nos forces et de notre langue, et de retour en Égypte, nous formeraient autant de partisans.

» J'avais déjà demandé à plusieurs fois une troupe de comédiens; je prendrai un soin particulier de vous en envoyer. Cet article est très-important pour l'armée et pour commencer à changer les mœurs du pays.

» La place importante que vous allez occuper en chef va vous mettre à même de déployer les talents que la nature vous a donnés. L'intérêt de ce qui se passe ici est vif et les résultats en seront immenses sur le commerce et la civilisation; ce sera l'époque d'où dateront de grandes révolutions.

» Accoutumé à voir la récompense des peines et des travaux de la vie dans l'opinion de la postérité, j'abandonne l'Égypte avec le plus grand regret. L'intérêt de la patrie, sa gloire, l'obéissance, les événements extraordinaires qui viennent de se passer, me décident seuls à passer au milieu des escadres ennemies pour me rendre en Europe; je serai d'esprit et de cœur avec vous; vos succès me seront aussi chers que ceux où je me trouverais moi-même, et je regarderai comme mal employés tous les jours de ma vie où je ne ferai pas quelque chose pour l'armée dont je vous laisse le commandement et pour consolider le magnifique établissement dont les fondements viennent d'être jetés.

» L'armée que je vous confie est toute composée de mes enfants ; j'ai eu dans tous les temps, même au milieu de leurs plus grandes peines, des marques de leur attachement. Entretenez-les dans ces sentiments, vous le devez pour l'estime et l'amitié toute particulière que j'ai pour vous et l'attachement vrai que je leur porte.

» *Signé* BONAPARTE. »

La proclamation de Kléber à l'armée, dont j'ai cité plus haut le début, et toute sa conduite, montrent qu'il avait sincèrement l'intention de suivre les errements de son prédécesseur ; son message au divan, ses premiers actes, sont tous empreints du même esprit. Cette simple remarque doit faire tomber les préventions conçues au sujet des rapports qui ont existé entre ces deux hommes. Il n'est pas vrai que le général Bonaparte manquât d'estime pour Kléber ; il n'est pas vrai que le général Kléber ne rendît pas justice au génie supérieur du général en chef. Feu Jaubert, qui était le secrétaire interprète de ce dernier, et qui l'accompagna à la sortie d'Égypte, m'a raconté plus d'une fois que, pendant le trajet, le général Bonaparte parlait de Kléber avec la plus grande considération, et comme d'un homme de guerre des plus capables, et comme d'un esprit éclairé, sagace, résolu. Il aimait à dire : « J'ai laissé l'armée » d'Orient aux mains d'un autre moi-même; je ne » pouvais confier l'Égypte et l'armée à un homme » de plus de mérite, doué de qualités plus solides. » Monge, témoin de ces conversations, me l'a souvent redit en France à mon retour d'Allemagne, quand je lui parlais de Kléber blessé à la prise d'Alexandrie, et depuis commandant de la place (1). Enfin, le général Bonaparte a montré la plus grande affliction à la nouvelle de l'assassinat de Kléber; ses regrets étaient sincères et exprimés de la manière la plus vive, en termes tout à fait sympathiques. Cette mort tragique, au reste, pouvait faire augurer, dès lors, l'issue de l'expédition et la perte des fruits de tant de travaux et d'efforts héroïques.

Il est bien vrai que Kléber ménageait peu ses termes quand il était en verve caustique et qu'il s'est permis parfois des épigrammes, mais par simple jeu d'esprit; c'est ce qui explique, sans la justifier,

(1) En présentant au général, avec mes collégues, après plusieurs mois d'un travail assidu, le plan d'Alexandrie et de ses environs, appuyé d'une triangulation, j'eus occasion de remarquer son jugement et sa pénétration, et d'admirer la figure la plus martiale peut-être qu'homme de guerre ait jamais portée.

l'erreur où l'on est tombé à cet égard. On a eu tort d'en conclure un état permanent d'hostilité.

Si je suis entré dans ces détails sur les rapports de Kléber avec le général Bonaparte, c'est que Monge partageait entièrement la manière de voir que je viens d'exprimer ; il avait trop souvent eu l'occasion d'entendre le premier consul et l'empereur pour se tromper à cet égard. Monge aimait à dire que l'on devait à Kléber, non-seulement d'avoir eu la première idée et jeté le plan d'une publication nationale des travaux exécutés en Égypte par les savants et les artistes français, mais d'avoir prévenu, empêché la dispersion de tous ces matériaux, chose qui pouvait fort bien arriver. Kléber avait fait des études d'architecture ; il avait le sentiment des arts et un goût épuré ; la seule vue des dessins rapportés de la haute Égypte exalta son imagination, j'en ai le souvenir encore très-présent. Il fit venir de la bibliothèque de l'Institut du Caire les *Antiquités d'Athènes*, l'ouvrage *sur Batalha*, les *Ruines de Palmyre et de Balbek*, et nous dit : « Messieurs, voilà les ouvrages d'antiquités les plus estimés, il faut que les *Antiquités d'Égypte* les égalent ou les surpassent ; il faut que l'exécution de la gravure ne le cède point à ce qu'on a fait de plus beau jusqu'à présent. »

Une fois la commission des sciences revenue en France (ce qui est arrivé deux ans plus tard), il n'y a plus à citer de traits ou de circonstances qui se rapportent à la présence de Monge en Égypte et je dois clore ici cet article sur l'expédition et l'armée d'Orient.

III° Monument voté par la ville de Beaune, souscription, cérémonie.

Vingt-sept ans s'étaient écoulés depuis le jour où nous avions perdu Gaspard Monge ; aucun monument n'avait encore été élevé pour célébrer cette belle gloire nationale : il n'existait en quelque sorte qu'une pierre tumulaire, élevée à Paris, au cimetière de l'Est, peu de temps après la mort de Monge. On se souvient des regrets pieux et touchants que firent éclater les élèves de l'École polytechnique, lorsqu'ils se portèrent tous en masse au champ du repos, le lendemain des funérailles, malgré l'interdiction qu'avait lancée, le jour même, l'autorité supérieure. Certes, le ministre qui défendit à cette jeunesse ardente d'accompa-

gner leur maître et bienfaiteur à sa dernière demeure, fut mal inspiré ; ou peut-être, forcé lui-
même d'obéir, a-t-il donné un ordre qui a dû lui
coûter ; c'était révolter des cœurs généreux, c'était
ajouter de l'odieux à l'ostracisme dont Monge avait
été frappé en 1816 ; mais le jour de la justice devait arriver. Sa ville natale a été mieux inspirée
quand elle a voté un monument en l'honneur de
son fils le plus illustre ; le conseil général du département s'est associé avec empressement à cette
pensée patriotique. La première décision de la
ville date de juillet 1845 (1). Aussitôt une souscription fut ouverte ; l'Institut de France , l'École
polytechnique, les membres de l'expédition d'É-
gypte, les Écoles des ponts et chaussées , des
mines, du génie et de l'artillerie, les anciens élèves
retirés , les amis de Monge , furent informés du
projet. Voici un extrait de la circulaire adressée
par le conseil municipal.

ÉRECTION D'UNE STATUE A GASPARD MONGE.

« La ville de Beaune, qui s'honore d'avoir vu
naître Gaspard Monge , a résolu de consacrer, par

(1) La pensée d'un monument à Monge remonte encore plus
haut. Dès 1838 , la *Revue de la Côte-d'Or* en a fait mention.

un monument public, son admiration, son respect pour un des savants les plus illustres dont s'enorgueillisse la France.

» Dans la pensée de rendre ce monument digne de lui, elle fait appel à tous les amis de la science, à tous les Français jaloux de la gloire de leur pays.

» Le nom de Monge rappellera toujours la fondation de l'École polytechnique. On n'oubliera jamais avec quel éclat il remplit la chaire de géométrie descriptive, de cette science créée par son génie, dont les applications aux arts et métiers ont été si fécondes en résultats d'une utilité immédiate et de chaque jour. Comme professeur, Monge s'y montra peut-être supérieur à Lagrange et à Laplace eux-mêmes, et l'École garde religieusement encore le souvenir des éminentes leçons d'un si grand maître.

» Une souscription est ouverte dans tout le royaume. Spécialement placée sous le patronage des sociétés savantes, elle se recommande d'elle-même à MM. les ingénieurs, à tous les élèves de l'École polytechnique, à tous les hommes qui ont à cœur d'honorer la science et le génie. »

La première liste des souscripteurs fut publiée en douze grandes colonnes in-folio, avec huit cent sept noms d'individus ou de corporations. Le chiffre souscrit montait déjà à 16,964 fr. Le

16 janvier 1847, la somme de **25,784** fr. était réunie. Rarement on vit un pareil empressement. Les ingénieurs de tous les corps savants civils et militaires, occupés à Paris ou dans les départements, même des ingénieurs employés à l'étranger, s'étaient fait un devoir, un honneur de concourir à la souscription. Des comités correspondants furent institués partout. La reconnaissance publique n'a jamais éclaté d'une manière plus admirable.

La Société d'encouragement, dont Monge était l'un des fondateurs, adopta, dès le 15 avril 1846, la proposition qui lui fut faite de s'associer à la souscription. Voici l'extrait du rapport qui motiva la décision.

« La ville de Beaune, fière d'avoir donné naissance à Gaspard Monge, a voté un monument en son honneur. Au temps où la première coalition européenne menaçait le salut et les libertés de la France, nul homme ne déploya plus de savoir, de dévouement et d'ardeur infatigable pour préparer les armes qui devaient sauver la patrie. Cette œuvre de talent, de zèle et de patriotisme émanait d'un géomètre, illustre déjà par une glorieuse découverte, par la création d'une science nouvelle : la *géométrie descriptive*, destinée à faire une révolution dans les arts utiles. »

» Monge avait ainsi, dès longtemps, marqué sa place parmi les hommes les plus éminents. Un autre, peut-être, eût cherché le repos ; loin de là, ce fut alors pour Monge le signal et le commencement d'une nouvelle carrière. Il fut le principal fondateur de l'École polytechnique, et l'un de ses plus admirables professeurs ; ce n'est pas tout ; quatre ans après, âgé de plus de cinquante ans, il allait encore, à la tête d'une expédition savante, chercher en Afrique, à près de mille lieues de nos côtes, une nouvelle colonie, qui aurait amplement dédommagé la France de celles qu'elle avait perdues. A son retour, *Monge* sympathisa un des premiers, comme son ami *Berthollet*, avec la pensée qui présidait à la formation de la Société d'encouragement. Il fut consulté par le premier consul, pour la création des Écoles d'arts et métiers ; sa haute position lui permit de prendre une part efficace aux institutions utiles qu'appelait le développement de l'industrie française. »

C'est ici que se place naturellement l'une des nombreuses lettres que j'ai reçues du comité, chargé de l'érection du monument. C'est la seule que je veuille citer, mais par extrait.

« Beaune , 24 février 1846.

» Un comité s'est formé dans la ville . natale de
Monge , pour hâter l'érection d'une statue au président de l'Institut d'Égypte. Vous avez pris , monsieur, trop de part au grand ouvrage qui a buriné
pour la postérité les résultats archéologiques de
l'expédition, pour que votre nom ne se présentât
pas de lui-même à la pensée de tous les membres
du comité. Ils vous prient de vouloir bien accepter
le titre de *membre honoraire*. Mais le succès ne
peut être complet qu'autant que les représentants
naturels de la science nous seront en aide. Ose-
rions-nous vous prier, monsieur, de vouloir bien
donner vos soins à l'organisation et à la mise en
action du comité de Paris? Par vos relations si
nombreuses et par votre coopération au grand ouvrage sur l'Égypte (comme membre d'une commission présidée par Monge), vous êtes plus naturellement désigné que personne pour cette mission
aussi noble que délicate : nous nous flattons de
l'espoir que vous ne la déclinerez pas...

» *Le maire*, MICHAUD-MOREIL. »

Restait à faire le choix d'un artiste capable de
s'inspirer des traits d'une si belle vie. Ce choix est

tombé sur un statuaire distingué, natif de Dijon, presque compatriote de Monge, M. Rude. Les renseignements, les directions ne lui ont pas manqué. Il a mis en œuvre les matériaux les plus authentiques, et son talent a produit une œuvre remarquable, qui a réuni tous les suffrages

Les sujets de bas-reliefs et d'inscriptions abondaient ; la pose, l'attitude, l'action de la figure pouvaient être choisis entre un grand nombre de motifs ; on s'est arrêté à celui-ci : Monge professant à l'École polytechnique et faisant une leçon de géométrie descriptive ; et, pour les inscriptions, aux suivantes : la simplicité la plus grande était indiquée. La face antérieure (ou orientale) du piédestal porte ces mots :

A

GASPARD MONGE

SES ÉLÈVES

ET

SES CONCITOYENS

M. D. CCC. XLIX

La face postérieure (ou occidentale) ;

GASPARD MONGE

NÉ A BEAUNE

LE X MAI

M. D. CC. XLVI

MORT A PARIS

LE XXVIII JUILLET

M. D. CCC. XVIII

FONTE DES CANONS

M. D. CC. XCIII

ÉCOLE POLYTECHNIQUE

M. D. CC. XCIV

Inscription sur les quatre patères du Cippe ; *géométrie descriptive*, *géométrie analytique*, *école Polytechnique*, *Institut d'Égypte.*

Les sujets des deux bas-reliefs ont été adoptés *en principe* pour les faces latérales du piédestal (Nord et Sud), savoir : *les élèves de l'école Polytechnique au tombeau de Monge* ; l'autre, MONGE DÉFENDANT LES INSTRUMENTS DES SCIENCES *au palais de l'Institut d'Égypte*, CONTRE LES RÉVOLTÉS DU CAIRE.

Avec plus de place disponible, on eût pu consacrer le souvenir de quelques-unes des autres circonstances de la vie scientifique ou politique de Monge : ainsi, le choix des monuments des arts de l'Italie, trophées de nos victoires, la mission d'apporter au directoire le traité de Campo-Formio, la visite des Pyramides, ou celle de l'ancien canal des Deux-Mers, en compagnie du général en chef Bonaparte, Monge à Saint-Jean d'Acre soigné par le général en chef (car il fallait le montrer comme *l'ami de Napoléon*), Monge devant le mirage, ou devant la fontaine de Moïse, expliquant à la première vue ces curieux phénomènes, Monge aux ruines de Peluse (voyage qui est l'origine de son titre), ou bien entretenant ses collègues de l'Institut d'Égypte sous les ombrages du jardin de Cassim-bey.

On pourrait aussi, dans les places vides, inscrire

les titres des principaux ouvrages de Monge : 1770 à 1789, mémoires insérés dans les recueils des académies des sciences de Turin et de Paris ; 1786, traité de statistique ; 1786, mémoire sur le fer, considéré dans ses différents états..... ; 1793, description de l'art de fabriquer les canons, an III (1794) et an VII (1798) ; an III et an VII, leçons de géométrie descriptive ; an III, analyse appliquée à la géométrie, in-folio, et 1809 in-4° ; mémoires insérés dans la décade Égyptienne, dans la description de l'Égypte, dans les recueils de l'École polytechnique, etc., etc.

Je viens à la statue. L'attitude du professeur, enseignant à la grande école une géométrie nouvelle, était d'une grande et presque insurmontable difficulté pour un artiste moins habile ; le statuaire a supposé que le professeur, ayant déjà décrit par la parole et par le geste une surface plus ou moins compliquée, opère la projection de cette surface sur un plan ; l'index de la main droite marque cette action et se dirige vers la main gauche ; celle-ci, toute ouverte, représente le plan de projection. On a prétendu que ce mouvement prêtait à l'équivoque ; il n'y a là aucune incertitude pour quiconque a la plus légère notion de géométrie ; d'ailleurs, le fragment de voûte posé sur le cippe fait voir clairement qu'il s'agit de géométrie descriptive. Le lecleur a vu plus haut (pages 12 à 15), quel était l'admirable talent du professeur pour faire saisir à ses auditeurs les démonstrations, et rendre sensibles à leur esprit, comme à leurs yeux, les figures de toute espèce, les surfaces gauches, les surfaces engendrées par une loi quelconque, aussi facilement que celles des solides de révolution ; alors l'éloquence de son geste ne le cédait pas à celle de sa parole. Quelque opinion que l'on se forme du succès avec lequel le sculpteur a résolu le problème qu'il s'était proposé, et réalisé une pensée abstraite, on ne peut refuser son suffrage à l'idée en elle-même ; car toujours, dans ses cours, Monge improvisait son langage, et c'est là qu'il montrait la sagacité de son génie inventif.

INAUGURATION DE LA STATUE.

Le département de la Côte-d'Or a retenti pendant plus d'une année du récit des cérémonies qui ont eu lieu à Beaune à l'occasion de l'érection de la statue de Monge ; c'est qu'aucune fête de cet ordre n'a surpassé la fête du 2 septembre 1849, comme aucune souscription honorifique n'avait été accueillie avec plus de sympathie et d'empressement. Plusieurs départements de la haute et basse Bourgone étaient représentés à la fête par une foule de citoyens, celui de la Côte-d'Or surtout. Depuis deux jours la population de Beaune était doublée Je ne peux rien faire de mieux que de reproduire ici une *note* sur l'inauguration de la statue, publiée dans le BULLETIN de la société pour l'encouragement de l'industrie nationale, septembre 1849.

« La fête de l'inauguration de la statue élevée à Beaune, en l'honneur de *Monge*, a eu lieu le 2 septembre dernier ; elle a été des plus brillantes et des plus complètes. A la population de la ville de Beaune, s'étaient jointes la population voisine et même une partie de celles des autres arrondissements du département de la Côte-d'Or et du département de Saône-et-Loire.... »

» Le monument érigé à la mémoire de *Monge* est l'ouvrage de M. Rude, l'un de nos plus célèbres statuaires ; c'est une statue en bronze de 2^m,65 de hauteur, posée sur un piédestal de même élévation en marbre de Prémeaux ; elle regarde vers le levant. La figure se dessine sur le ciel ; elle représente Monge professant sa science favorite, la géométrie descriptive, cette science qui a donné une si grande impulsion aux arts graphiques, aux travaux des ingénieurs et à tous les arts indus-

triels. La main droite est élevée au dessus de la tête
et a l'index dirigé vers la main gauche étendue, laquelle est censée représenter un plan de projection. Le sculpteur, pour donner du mouvement
à sa composition, s'est emparé de cette attitude
qui était familière à son modèle ; elle rappelle la
pantomime et le geste éloquent dont *Monge* accom-
pagnait toujours son débit quand il professait.

» On lit sur le piédestal : *A Gaspard Monge,
ses élèves et ses concitoyens.....* »

« Dès la veille, toute la ville de Beaune respirait
un air de fête ; une salve d'artillerie l'annonça au
soleil couchant. Le dimanche, à 1 heure, le cortége s'est mis en marche, composé de toutes les
autorités ; des membres de la cour d'appel, de la
commission du monument, des sociétés savantes,
des personnes invitées, etc. La haie était formée de
quatre compagnies du 49ᵉ de ligne, que le préfet
du département avait envoyées, dès le matin, par
le chemin de fer de Dijon à Châlon, voie ouverte
seulement de la veille. Lui-même était arrivé de
Dijon suivi de tous les membres du conseil général
de la Côte-d'Or, de ceux de la cour d'appel et de
beaucoup de personnes notables du département.
On est parti de l'hôtel de ville et l'on s'est dirigé
sur la maison de *Monge.* L'affluence était immense, quinze à vingt mille personnes encom-

braient les rues et retardaient la marche du cortége ;
il s'est arrêté devant la maison natale pour saluer
l'image de *Monge;* cette maison est ornée , depuis
quelque temps, du beau buste de Rutxhiel et d'une
inscription ; le buste était couronné de fleurs ; alors
de chaudes acclamations se sont fait entendre :
une cantate composée par le bibliothécaire de la
ville, devait être chantée par les enfants des écoles
communales. Les œuvres de *Monge* étaient portées
triomphalement par de jeunes élèves.

» Après une marche de plus d'une heure, on est
arrivé à la place d'armes, qui prendra désormais le
nom de *Monge.* Une grande estrade pour six cents
personnes était établie en face du monument. Les
autorités se sont placées à la droite de la statue : le
maire de la ville, *M. Welter* , a prononcé un discours ; puis *M. Charles Dupin* , au nom de l'Académie des sciences de l'Institut national ; ensuite
un ancien disciple de *Monge* et son compagnon de
voyage en Égypte, *M. Jomard;* puis le vice-président de la commission du monument , *M. Michaud-Moreil,* et enfin, le président du conseil
général de la Côte-d'Or, premier président de la
cour d'appel, *M. Muteau;* après quoi un membre du corps municipal a reconmandé la conservation du monument au patriotisme des habitants
de Beaune , et à leur reconnaissance pour celui qui

a illustré la ville. Après chaque discours, la musique militaire, placée au pied de la statue, a fait
résonner des fanfares.

» L'éclat du soleil ajoutait à la splendeur de la
fête, à la beauté de la cérémonie A six heures,
la ville a offert un splendide banquet de plus de
cent couverts à **M. Rude** et aux invités Le préfet
de la Côte-d'Or et les membres du conseil général
y assistaient. On y comptait, par un heureux à-pro-
pos, un assez grand nombre d'anciens élèves de
l'éc le Polytechnique, aujourd'hui ingénieurs des
ponts et chaussées, ingénieurs des mines, ingénieurs
militaires, officiers d'artillerie, etc *M. Jullien*,
directeur général du chemin de fer de Lyon,
M. Parandier, chef de la section de Châlon à
Dijon, travail remarquable par le grand nombre
des ouvrages d'art, etc. La musique s'est fait entendre pendant tout le temps du banquet. Un grand
nombre de toasts ont été portés, d'abord par le
maire à **M. Rude**, puis par le préfet de la Côte-d'Or,
par la commission du monument, par le sous-préfet
de Beaune, etc., etc. On a distingué entre autres,
celui de M. Parandier, à cause de sa parfaite oppor-
tunité ; il a fait remarqner, en effet, la coïncidence
de la cérémonie avec l'ouverture du chemin de fer
de Lyon. « Sans l'excellence des méthodes introt-
duites dans tous les travaux publics par suite de

l'invention de la *géométrie descriptive*, a-t-il dit, il n'aurait pas été possible de conduire à bonne fin, ni aussi promptement ni avec autant de perfection, l'entreprise des chemins de fer en France; honneur à la géométrie descriptive et gloire à *Monge!*» Un toast a été porté à M. le général de division *Marey-Monge*, l'aîné des petits-fils de *Monge*, qui s'est illustré lui-même dans la guerre d'Afrique, dès 1830.....

» Toute la famille de *Monge* était présente à la cérémonie : sa veuve seule y manquait, ainsi que feu *Alfred Marey*, qui, se rendant comme consul à Mogador, a été victime d'une douloureuse catastrophe, au moment où il touchait au port.

» J'ajouterai à cette note la mention de deux ouvrages de *Monge*, peu ou point connus; l'un est un grand plan de la ville de Beaune, qu'il leva et dessina par des procédés à lui, à l'âge de dix-huit ans (il a été gravé très en petit pour l'histoire de Beaune). Je désirais depuis longtemps voir ce plan; je l'ai examiné à loisir dans la bibliothèque de la ville, où il est déposé. Bien que fatigué par le temps, cet ouvrage est remarquable par la pureté du trait, et il est curieux pour l'étude des changements que la ville a subis depuis quatre-vingt-cinq ans; il l'est encore plus par ce fait qu'il a peut-être été la cause occasionnelle des succès de

Monge. En effet, il frappa l'attention d'un officier du génie, qui passait par Beaune, et qui s'informa du jeune auteur; peu de temps après, il emmena le jeune homme à Mézières; on sait le reste.

» L'autre ouvrage est un grand cadran horizontal, composé par *Monge*, pour un ami, en 1774, à Mézières. Il est maintenant placé au château de Pomard, où on lui a donné l'inclinaison nécessaire pour qu'il puisse servir à la latitude du lieu. Ce cadran avait été vendu et avait disparu depuis longtemps; il était comme ignoré, lorsque M. *Hachette* le découvrit, à Mézières, dans une boutique de friperie; le nom de *Monge*, gravé sur le bord du cadran, le frappa, et il s'empressa d'en faire l'emplette et de le reporter à l'auteur, qui vint l'orienter lui-même. Ce cadran est exécuté avec une grande finesse sur une belle plaque circulaire de schiste, bien poli, de près de 1 mètre de diamètre; on y lit : *Monge fecit, Savart sculpsit, Meceriis,* 1774. Entre les deux styles qui indiquent les heures du matin et les heures du soir, est un espace occupé par la courbe méridienne du temps moyen (le huit allongé), donnant, pour chaque jour de l'année, le retard ou l'avance du temps moyen sur le temps vrai, au moyen d'une plaque percée d'un trou, qui indique le midi vrai.

Toute cette pièce est d'un travail très-soigné (1). »
(*Extrait.*)

J'ai oublié de dire l'inscription modeste posée
sur la maison, plus modeste encore, où Monge a
vu le jour ; chaque personne du nombreux cortége qui défilait dans la ville la lisait avec intérêt
en passant devant la maison : la voici : « Dans cette
maison est né Gaspard Monge, le 10 mai 1746,
mort à Paris le 28 juillet 1818. » Au-dessus était
son buste, couronné de lauriers, environné de
drapeaux, et que chacun saluait respectueuse-
ment Au retour du cortége, le signal fut donné,
le voile qui couvrait le monument tomba, le canon
tonna, la musique se fit entendre, et le maire
prononça un discours, ainsi qu'on l'a vu plus
haut.

Ce serait ici, peut-être, le lieu d'insérer le discours du maire de Beaune, et les autres discours
prononcés ensuite, comme on l'a dit, par l'organe

(1) On sait que *Deparcieux*, dans son *Traité de gnomonique*
(joint aux nouveaux traités de trigonométrie), in-4°, 1741, a
donné la construction de la courbe méridienne du temps
moyen. Il rapporte que M. *de Fouchy* avait tracé une méridienne du temps moyen sur un cadran, chez M. le comte
de Clermont, et deux autres, tout récemment (en 1740),
chez M. *de Bonnelle* et M. *d'Houel.* Voyez l'*Encyclopédie mé-
thodique*, 1er volume des *Mathématiques (astronomie)*, p. 253,
et pl. 43.

de l'Académie des sciences, le baron Charles Dupin, par le représentant de l'expédition d'Égypte, auteur de ces *Souvenirs*, par le président du conseil général de la Côte-d'Or, par le président de la commission du monument. Mais ceux qui seront curieux de lire les différents discours les trouveront tous réunis dans la *Tribune* (*Revue de la Côte-d'Or*, n^os des 5 et 8 septembre 1849).

Les filles de Monge, le général Marey Monge et ses frères petits-fils de Monge, etc., occupaient les premiers rangs de l'estrade élevée sur la place. La présence de cette honorable famille réunie tout entière en ce jour solennel, et dont plusieurs membres arrivaient ce jour même de points éloignés, ne contribuait pas peu à l'intérêt de la cérémonie, à l'éclat de la fête.

Un chant qui n'est pas indigne du sujet, a été composé à cette occasion, par le bibliothécaire de la ville. A l'immense banquet qui réunissait les invités, des toasts ont été portés, en outre de ceux dont j'ai parlé, à la durée indéfinie de l'école Polytechnique et à la prospérité de la ville de Beaune, etc.

Le grand et beau cadran (œuvre de Monge), dont il a été question plus haut, est placé dans le jardin du château de Pomard, qu'occupe madame Marey-Monge ; cet ouvrage remarquable est parfai-

14

tement conservé ; il appartient à la jeunesse de Monge, comme le plan de la ville de Beaune qu'il fit en 1764 sans maître et sans modèle, et qu'on voit aujourd'hui dans la bibliothèque publique ; ce dessin n'est pas peu remarquable pour le mérite de l'exécution.

On doit à M. Charles Dupin le premier ouvrage sur la vie de Gaspard Monge. Ce n'est pas seulement une biographie, c'est un savant et excellent traité sur les travaux de Monge, qui met en lumière l'esprit philosophique des méthodes du grand géomètre : ce qui n'a pas empêché l'auteur de donner un portrait fidèle de sa vie entière. Le titre de l'ouvrage est : *Essai historique sur les services et les travaux scientifiques de Gaspard Monge*, in-4°, Paris, 1819, avec un beau portrait. Brisson, l'un des élèves chéris de Monge, ingénieur distingué, savant géomètre, qui avait été l'un des 25 chefs de *brigade*, a consacré à son maître un opuscule, où il rappelle les faits principaux, entre autres celui-ci : que pendant son court ministère, il fit faire d'importants armements et en prépara d'autres ; et que son expérience pour découvrir les principes de l'eau, a été faite à Mézières, en même temps que celles de Cavendish et de Lavoisier (1). Il existe un écrit de M. Vallée sur le même sujet, mais je n'ai pu me le procurer. En ces derniers temps, M. Pautet, bibliothécaire de la ville de Beaune, et M. Joseph Bard de Dijon, ont fait paraître des notices pour l'époque de la cérémonie (1849).

Je suis loin d'avoir voulu dans ces simples *souvenirs*, dans ces notes imparfaites, rivaliser avec aucun de ces ouvrages, avec le premier surtout; mon but a été de démontrer l'amitié qui unissait deux hommes supérieurs, Monge et Napoléon ; l'on ne pouvait, surtout quand on en a été le témoin, onblier un trait aussi caractéristique dans la vie de l'un et de l'autre, et cependant il a été à peu près négligé. Si l'on pouvait douter de cette affection mutuelle, il suffirait de citer la lettre que le général en chef de l'armée d'Italie écrivait au directoire, en lui envoyant le traité de Campo-Formio par Monge et le général Berthier : je la réservais pour la fin de cet écrit, je la cite ici par extrait :

« Le citoyen Monge, un des membres de la commission des sciences et des arts, est célèbre par ses

______

(1) *Note historique sur Gaspard Monge ;* Paris , 1828 , 27 pages (sans nom d'auteur).

connaissances et son patriotisme. Il a fait estimer les Français par sa conduite en Italie ; *il a acquis une part distinguée dans mon amitié* : les sciences, qui nous ont révélé tant de secrets, qui ont détruit tant de préjugés, sont appelées à nous rendre de plus grands services encore. De nouvelles vérités, de nouvelles découvertes nous révéleront des secrets plus essentiels encore au bonheur des hommes ; mais il faut que nous aimions les savants et que nous protégions les sciences. Accueillez, je vous prie, avec une égale distinction le général distingué et le savant physicien. Tous les deux illustrent la patrie et rendent célèbre le nom français. Il m'est impossible de vous envoyer le traité de paix définitif par deux hommes plus distingués dans un genre différent. »

J'ai cité dans le cours de ces *notes* beaucoup d'autres preuves des sentiments réciproques qui unissaient le savant et l'homme de guerre, et il me semble que désormais on ne pourra plus séparer ces deux hommes, ou du moins un de ces noms réveillera toujours le souvenir de l'autre : c'est la fin principale que je me suis proposée dans cet écrit. Le lecteur a vu plus haut à quelle occasion il a été composé ; la respectable veuve du grand géomètre avait bien voulu invoquer mes souvenirs de l'expédition d'Égypte. Je ne pouvais décliner cette honorable invitation. Le travail terminé, j'en donnai lecture à madame Monge, en présence d'une partie de sa famille et de plusieurs amis, entre autres M. Anthelme Costaz; c'était au mois de décembre 1844. L'indulgente approbation qu'on accorda à cet écrit était flatteuse, mais elle ne me suffisait pas entièrement. Je soumis cet écrit à un assez grand nombre de bons juges; je rapporte seulement ici les noms de plusieurs : M. Isidore Geoffroy-Saint-Hilaire, M. le baron de Meneval, qui avait vu souvent Monge daus l'intimité de l'empereur; le professeur de géométrie Olivier; M. Vallée, l'inspecteur des ponts et chaussées, anciens élèves, tous les deux, de l'École polytechnique; M. Grille, ancien chef de division des sciences et des lettres au ministère de l'intérieur; plus tard, M. le maire de Beaune et M. Rude le statuaire, etc., tous y ont trouvé quelque intérêt et des faits peu ou point connus. Enfin, la copie offerte à madame Monge a été communiquée au savant secrétaire de l'Académie des sciences, M. Arago.

La lettre que Monge a écrite d'Italie au général Bonaparte ajoute une preuve de plus en faveur du fait que j'ai voulu établir. J'en emprunte un extrait à l'opuscule de M. Joseph Bard (de l'Académie de Dijon), intitulé *Notice sur la statue*

pédestre érigée à Gaspard Monge, etc. Beaune, in-8°;
1849.

« Civita-Vecchia, le 6 prairial, an VI.

» Mon cher général,

» Nous avons reçu aujourd'hui vos derniers
ordres, et j'ai tout lieu de croire que demain, de
grand matin, nous serons à la voile pour nous
rendre au point que vous avez indiqué. Me voilà
donc transformé en argonaute! C'est un des mira-
cles de notre nouveau Jason, qui ne va pas fati-
guer les mers pour la conquête d'une toison dont la
matière ne pouvait pas beaucoup augmenter le
prix; mais qui va porter le flambeau de la raison
dans un pays où, depuis bien longtemps, sa lumière ne paraissait plus; qui va étendre le domaine
de la philosophie et porter plus loin la gloire nationale.

» Nous avons pris à Rome les mesures pour faire
transporter le convoi des objets que nous y avons
recueillis. Cette expédition se fera plus rapidement
que celle de l'année passée, et il est possible que
le convoi mette à la voile dans deux mois. Ne se-
rait-il pas nécessaire, mon cher général, qu'à cette
époque une frégate ou deux escortassent les vais-

seaux de transport, pour les défendre contre les corsaires ou contre quelques petits bâtiments de guerre anglais, qui, sur le bruit de l'embarquement, ne manqueraient pas de venir rôder autour et essayer d'en enlever au moins quelque chose?...

» J'ai bien de l'empressement à vous rejoindre, mon cher général, et les vents qui, dans ce moment, sont debout, me donneront vraisemblablement de grandes impatiences. »

« Cette lettre, dit avec raison M. Joseph Bard, prouve dans quels termes affectueux en était le héros de la science avec le héros de la guerre ; elle est encore un des monuments de cet inviolable attachement que Monge avait pour Bonaparte, et qui finit par devenir un véritable culte. »

On sait quels avantages la science a tirés de cette mutuelle affection. Monge soutenait et protégeait auprès du prince les établissements scientifiques, les prérogatives de l'Institut, le Muséum d'histoire naturelle et ses professeurs, le Bureau des longitudes et ses membres, l'École polytechnique et son organisation. Toutefois, il ne put empêcher le casernement de l'École, tous ses efforts y échouèrent ; il en fut ainsi de notre admirable système métrique ; l'empereur résista au savant, et toute la concession qu'il lui fit fut de créer un *pied* égal au tiers du *mètre*. Quoi qu'il en soit , jamais l'amitié de Monge ne s'altéra , ne se refroidit : ce fait est d'autant plus singulier, que l'aîné des deux amis avait vingt-trois ans de plus que l'autre.

Il existe plusieurs bustes de Monge ; le plus ressemblant est celui de Rutxhiel. Le grand médaillon de David, qui orne une des portes intérieures de la bibliothèque de l'Institut, ressemble également. Le dessin de Naigeon , gravé à la manière noire ou au lavis par Quenedey, est celui que madame Monge a bien voulu mettre à ma disposition pour la *Description de l'Égypte ;* il est d'une grande fidélité ; la physionomie est frappante de vérité et pleine de sentiment Le sculpteur à qui l'on doit la statue de Beaune a cherché à donner de l'idéal à la physionomie ; peut-être cette intention , louable sous le rapport de l'art, a nui à la ressemblance. La famille possède plusieurs tableaux à l'huile, d'après celui de Naigeon. On a encore une très-belle gravure au burin, par Tavernier, faite pour M. Vallée d'après le dessin de Naigeon ; la gravure au lavis a, selon moi, plus de vie et d'expression.

ÉPOQUES PRINCIPALES DE LA VIE DE MONGE.

Pour suppléer, quoique bien imparfaitement, à ce qui manque à cet écrit sous le rapport biographique, je donnerai ici une simple table des époques principales de la vie de Monge.

1746 (10 mai). Naissance de Gaspard Monge à Beaune.

1762. Monge professe la physique au collége de Lyon, à l'âge de seize ans.

1763. Il est reçu élève-appareilleur et dessinateur à l'École du génie de Mézières.

1765. Il est nommé répétiteur à l'École de Mézières, et résout un problème de défilement par un procédé géométrique de son invention (il conserve le titre de répétiteur jusqu'en 1783).

1766. Monge commence à jeter les fondements de la *géométrie descriptive;* il avait alors vingt ans.

1770. Il applique sa méthode à la coupe des pierres et à la charpente.

1770 à 1785. Mémoires publiés dans le Recueil de l'Académie des sciences de Turin.

1773 à 1789. Nombreux mémoires insérés dans le Recueil des savants étrangers (Académie royale des sciences de Paris), et, depuis 1780, dans les Mémoires de l'Académie.

1780. Il est appelé à Paris pour suppléer Bossut, professeur d'hydrodynamique au Louvre, fonction qu'il a remplie en même temps que celle de répétiteur à Mézières; il est nommé membre de l'Académie royale des sciences de Paris.

1783. Il quitte définitivement Mézières, et il est nommé examinateur de la marine à la place de Bezout.

1786. Il publie un traité de statique.

1792. Monge est nommé ministre de la marine, et se retire au bout de huit mois.

Il publie l'art de fabriquer les canons, et s'occupe, avec ses collègues, de la fabrication du salpêtre et des armes de toute esyèce.

1792, 93, 94. Il dirige les fonderies de canons; il institue, quai Voltaire et ensuite, à la maison Pommeuse, une école préparatoire. Il donne des leçons de *géométrie descriptive* à l'École normale; il fonde, avec ses collègues, l'École centrale des travaux publics; il y professe la *géométrie descriptive*, et il

publie ses leçons, in-folio en l'an III, et
in-4° en l'an VII.

1795 (1er sept.). L'École centrale des travaux publics
prend le titre d'École polytechnique.

1796 (mai). Il part pour l'Italie, nommé par le
gouvernement l'un des commissaires chargés de choisir les statues, tableaux et autres
monuments des arts, cédés à la France en
vertu de traités à la suite des victoires de
nos armées.

1797. Le général en chef de l'armée d'Italie le
charge, avec le général Berthier, d'apporter
à Paris le traité de paix de Campo-Formio.
Il arrive à Paris le 22 octobre; le 27 décembre, il retourne en Italie, achève sa
mission du choix des monuments, et y reste
jusqu'au départ pour l'Égypte.

1798. Il est désigné au corps législatif comme l'un
des candidats à la place de directeur.

1798 (26 mai). Il s'embarque à Civita-Vecchia
avec Desaix, et il rallie devant Malte la
flotte partie de Toulon, le 19 mai.

1798. Fondation de l'Institut d'Égypte; il en est
nommé président.

1799. Il accompagne le général en chef Bonaparte
aux Pyramides, à Suez, en Syrie, et il retourne avec lui en France.

1801. Il est un des fondateurs de la Société d'encouragement pour l'industrie nationale.

1802. Monge, avec Berthollet, aidés du ministre de l'intérieur Chaptal, obtiennent un décret qui ordonne la publication du voyage en Égypte, aux frais de l'État.

1804. Il est nommé à la sénatorerie de Liége ; on sait qu'elle comprenait trois riches départements.

1807. Il fait des démarches multipliées auprès de l'empereur, pour le faire revenir de sa décision touchant le casernement de l'École polytechnique.

1808. Présentation à l'empereur de la 1re livraison de la *Description de l'Égypte*, comprenant les pays au-dessus de Thèbes.

1810. Il applique sa pension de professeur de l'École polytechnique à l'entretien des élèves sans fortune (cette application a continué jusqu'en 1816).

1812. Présentation de la 2e livraison de la *Description de l'Égypte* à l'empereur : cette livraison comprenait la ville de Thèbes.

1815. La bataille de Waterloo.

1816. Monge est expulsé de l'Académie des sciences.

1818. Monge meurt à Paris le 28 juillet.

ADDITIONS ET CORRECTIONS.

Page 5, ligne 1 : ces travaux, cette activité; *lisez* les travaux du savant, son activité infatigable, etc.

Page 5, ligne 3 : concentré; *lisez* qui fut concentré plus tard.

Page 17, ligne 4 : 4 octobre; *lisez* 5 octobre.

Page 22, ligne 8 : 17 septembre *et* an V; *lisez* 17 décembre *et* an VI.

Page 65, ligne 2 : 1808; *lisez* 1810.

Page 69, ligne 3 : 18 juillet; *lisez* 28 juillet.

Page 117, ligne 8 : Je *passerai; lisez* je *passerais.*

Pages 125 et 126, j'ai dit que la proclamation du divan aux Égyptiens, partie écrite et partie dictée par le général en chef Bonaparte, différait, dans sa rédaction, de celle qui a été traduite de l'arabe, d'après l'*Histoire de l'expédition* de Nakoula el-Turk ; cette pièce diffère également d'une autre version extraite par Miot, dans ses *Mémoires pour servir à l'Histoire des expéditions en Égypte et en Syrie* ; Paris, 1814, et de la proclamation imprimée dans l'*Histoire de l'expédition française en Égypte,* par M. Martin; Paris, 1815, tome Ier; c'est pourquoi j'ai reproduit quelques lignes de la pièce autographe. La difficulté de lire des mots écrits avec une extrême rapidité fait que la dernière ligne a été lue de deux façons ; au lieu de : *et son retour,* etc., on a lu : *et, par son retour,* (a changé) *la situation du peuple d'Égypte...*

Page 143, lignes 20, 21, *lisez* les antiquités d'Athènes, par Stuart et Revett; le couvent de Batalha, les ruines de Palmyre et les ruines de Balbek.

TABLE.

Paris. — Imprimé par E. THUNOT et Ce, rue Racine, 26.